社会行为背后的心理漫谈

刘志燕　著

中国海洋大学出版社
·青岛·

图书在版编目（CIP）数据

社会行为背后的心理漫谈 / 刘志燕著. —青岛:
中国海洋大学出版社, 2015.5
ISBN 978-7-5670-0903-5

Ⅰ. ①社… Ⅱ. ①刘… Ⅲ. ①社会心理学－通俗读物
Ⅳ. ①C912.6-49

中国版本图书馆CIP数据核字（2015）第094493号

出版发行 中国海洋大学出版社
社　　址 青岛市香港东路23号 邮政编码 266071
出 版 人 杨立敏
网　　址 http://www.ouc-press.com
电子信箱 pankeju@126.com
订购电话 0532-82032573（传真）
责任编辑 潘克菊 电　　话 0532-85902533
装帧设计 青岛乐道视觉创意设计工作室
印　　制 青岛双星华信印刷有限公司
版　　次 2015年5月第1版
印　　次 2015年5月第1次印刷
成品尺寸 144 mm × 215 mm
印　　张 4.5
字　　数 150千
定　　价 28.00元

序

多少年一直在思考一个问题：心理学是一套理论还是一种实践？

笔者一直试图把心理学讲得通俗易懂，尽量绕开晦涩的专业术语和难懂的概念，力图把心理学讲活。与纯粹的心理知识相比，人们更关心的是“为什么”“怎么回事”和“怎么做”。活的心理学就是你我他身边发生的故事，就是生活中、职场中、社会中的生动的现象。把一堆萝卜说成“若干萝卜的集合”，是科学研究；把“若干萝卜的组合”还原成“一堆普通的可以吃的萝卜”是深入浅出的艺术。

心理学领域非常宽泛，几乎与人的一切状态和活动相关，于是人们把它分割成许多分支来研究。

本书在心理学范围中选择社会心理学，一是因为笔者有讲授这门课程十几年的经验积累，二是笔者认为：当心理学遇到社会学，简直是一场浪漫的邂逅。纯心理层面无法释怀的东西，放入社会文化背景中，你会看得更宏观、更透彻、更坦然，好比有了放大镜。社会层面难以理解的问题，用心理学的眼光看看芸芸众生的一念一动，你会更细致、更深入、更明了，好比有了显微镜。

有人问我：他为什么变成这个样子？他为什么追求那些东西？是个人原因？还是社会影响？理解一个人的变化只需看看这个社会、这个时代的变化。了解他到底追求什么，反思我们的文化和价值在倡导什么。

有人问我：这个社会怎么会这样呢？我们怎么办呢？到底应该是适应它呢？还是改造它呢？我说，都不是。问社会怎么样需要先看看我们自己什么样，看看每个人，每个家庭，每个群体怎么样。无需刻意逢迎，也不必愤世嫉俗，我们已经在适应社会，同时也在改造社会。

这就是社会学的视角加上心理学的分析，两者相交之后碰撞出的光彩夺目的火花。

社会心理学作为一门应用性的学问，笔者热爱它；作为一门严谨的学科，笔者敬畏它；但是不敢说读懂了它，至于研究更是谈不上。

本书为读者呈现的，是基于社会心理学的基本常识，作者的个人体会和感悟。从生活事例入手，提出社会心理学对此类事件的解释和思考。在借鉴前人理论和实验资料的同时，也融合了作者本人积累的案例和资料。

本书读起来看似感性随意，实则是笔者多年心血的结晶，借此书与读者分享交流。本书没有理论创新，并且有意绕开干巴巴的概念和说教，只是呈现对某些现象的解释，对一些理论的理解和运用，因此本书更像一本通俗科普读物。笔者对它的定位是面向喜欢心理学的公选课学生，还有热爱社会心理学的广大读者。

本书如果从知识体系和专业的角度看可能略为浅显。如果你能够很轻松地把这本书读完，感觉心理学活起来了，感到内心某个地方被点亮了，笔者也会小有慰藉。

由于作者水平有限，书中不足之处敬请指正。

刘志燕
2015年3月
于青岛

目　录

第1章　社会心理学理论基础

导　读

社会心理学是社会学和心理学的交叉性应用学科。简单地说,社会心理学就是研究社会情景中的人的心理表现、成因和规律。对社会心理现象,可以从社会学的角度观察人的心理,也可以从心理的视角分析社会现象。

在了解具体社会心理现象之前,必须了解社会心理学的主干理论思想。这些理论为我们看待社会心理现象,分析各种社会问题,提供了宏观的思路框架和理论解释。

由于社会心理现象的复杂性,心理学内部出现了许多流派。每个流派都有各自的理论假设、核心概念和独特的视角。当今影响力最大的,心理学界有“精神分析”“行为主义”“认知学派”“人本主义”四大流派;社会学界有“社会建构论”“阶级冲突论”“符号互动论”等多个流派。目前各个学派呈现出继续分化同时又相互融合的趋势。

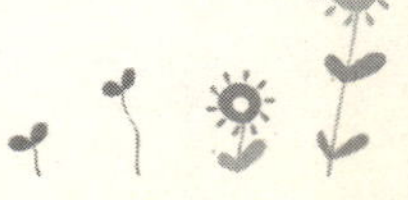

对待流派纷呈的社会心理学理论，学习者不必困惑，也不必寻求到底哪个理论最正确、最完美。寻找“标准答案”的思维是学习社会心理学的一大障碍，必须打破非此即彼二元对立的僵化思维。社会心理学，不像物理学或化学等学科，社会心理现象很难确定唯一的答案，也不能说某种说法就是完全正确的答案。对待复杂微妙的心理世界，人们给出的答案是某种思想，某种理解，某种解释。因此，各个理论是可以并存的，哪怕理论之间有分歧、有对立，仍然不能用一个理论完全取代另一个理论。我们只能说，在解释心理现象的某个方面，某个理论更恰当、更有说服力。换个角度，也许另一理论更合适。对待一个社会心理现象，我们还需要形成自己的见解和评价，综合运用多个理论，形成个人观点。这就是我们学习社会心理学应有的态度。如果你做好了这样的思想准备，我们就按照理论流派，介绍社会心理学的主干理论思想。

精神分析理论

精神分析是以关注人的无意识，探究人行为背后深层次动机与原因的一系列学说的总称。心理大师弗洛伊德开创了精神分析学派，后人对其理论进行不断发展和修正，形成了许多内部分支。比如以埃里克森为代表的自我学派；沙利文为代表的人际关系学派；弗洛姆和霍尼为代表的社会文化学派；荣格的分析心理学等等。而作为开山鼻祖的弗洛伊德理论，被称为“经典精神分析”。

一、精神分析理论的概念假设

精神分析以心理活动的深层次无意识作为理论起点。

（一）意识与无意识

1. 无意识（潜意识）

无意识是精神分析学派的核心概念。在弗洛伊德的著作中，无意识通常有两种含义：一是表示人们对自己的一些行为的真正原因和动机不能意识到；二是指人内心的更深一层的心理活动和内容——人们在清醒的意识下面还有潜在的心理活动在进行，因为有些心理内容是人类道德不允许的，所以这些能量就潜伏了下来。

通过无意识的概念，弗洛伊德把人的心理划分成两大层面，意识和无意识。哪一个更重要呢？在弗洛伊德看来显然是无意识对人的影响更大。弗洛伊德说："意识只不过是我们心理活动的冰山一角，而无意识才是隐藏着的巨大冰山。"

2. 无意识中有什么

社会文明和道德规范不允许的人性中"丑恶"的东西，被压抑下来，成为无意识的内容。这些被压抑的东西主要是人的原始本能和冲动、欲望。比如生的本能——生存、繁衍、建设、爱、创造；死的本能——竞争、攻击、破坏、自杀与杀人、战争。另外还有各种不便表现出来的欲望，弗洛伊德主要指的是性欲。

而这些本能和冲动只是被压抑，并没有消失，无意识中具有巨大的能量并随时寻找发泄口，弗洛伊德形容为"像一口沸腾着的大锅"。

3. 如何了解无意识

那么问题来了，无意识不能被我们意识到，我们又怎么能知道无意识的内容和能量呢？其实，意识虽然压制着无意识，但是二者之间也有些通道，我们可以进入这些通道深入挖掘人的无意识领域的奥秘。这些通道包括以下内容。

梦：梦是在睡眠过程中，无意识的内容改头换面，以奇特的

方式变相满足被压抑的心理冲动。通过分析人的梦，能够了解人内心真实的欲望、冲突和焦虑。要想深入了解，可阅读弗洛伊德的成名作《梦的解析》。

除了梦这个通道，还有日常中人的下意识反应，敏感性的反应，口误，遗忘等，都可以窥探到无意识的端倪。

总之，弗洛伊德认为人的行为归根结底是由无意识决定的。无意识的本能冲动才是人类行为的最原初动力。

（二）人格结构论

表 1–1　弗洛伊德人格结构理论

人格结构	
超我	道德理想我。由理想自我和道德化的自我（良心）组成。其特点是：意识的，遵循道德 / 完美原则
自我	心理社会我。现实化了的本能，从本我中发展出来；其特点是：意识（合乎逻辑）的，遵循现实性原则
本我	生物本能我。人格中最原始和最不易把握的部分，是一切与生俱来的本能冲动，争取最大快乐和最小痛苦；其特点是：无意识的、无理性的，遵循快乐原则

1. 本我、自我与超我

弗洛伊德把人格结构分为三部分，本我、自我和超我。三个我分别按不同的原则活动（见表 1–1），自我起调节作用。我们日常说的心理失衡实质是三个我之间的失衡，或者说自我失去了协调能力。本我、自我和超我交互影响。自我和本我的关系如同骑马者和马的关系，马提供了运动的力量，而骑马者则指导、决定着马的方向。本我是求生存的必要源动力，超我监控个体按社会道德标准行事；而自我对上按照超我的要求去做，对下吸取本我的动力，调整其冲动欲望，对外适应现实环境，对内调节心理的平衡。当三种力量不能保持动态平衡时，将会导致心理失衡，引发人的焦虑和神经质反应。

2. 人类行为的动力——心理防御机制

自我同时面对三个眼里的主人：外部世界、超我和本我。当它难以承受三者的压力时，就会产生焦虑反应，而焦虑的产生会促使自我发展出一种功能（现实能够允许，超我可以接受，本我又能满足），这种机能就是心理防御机制，心理防御机制促使自我尝试一定的策略去阻止焦虑。防御在潜意识里进行，因此个体并不会意识到它在发挥作用。狐狸吃不到葡萄为什么说葡萄酸？这就是一种心理防御机制。常用的心理防御机制包括以下内容。

升华：把社会、超我所不能接受的冲动转化为建设性的活动。

退缩：当遇到挫折和应激时，个体以幼稚的方法应付，以获得暂时的安全。

反向作用：行为表现与内心欲念相反，以减少欲念产生的焦虑。

投射：把自己的愿望与动机归于他人，断言他人有此动机愿望，这些动机往往都是超我不能接纳的。

否认：有意识或无意识地拒绝承认那些使人感到焦虑痛苦的事情，似乎从未发生过。

转移（置换）：将某事引起的强烈情绪和冲动转移发泄到另一个对象上去。

合理化：以社会认可的理由取代个人心中的理由，以此减少个体面临的挫折或尴尬。

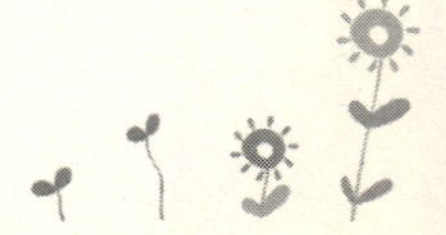

二、心理性欲发展阶段论

弗洛伊德认为，个体从出生到成人要经历有序的发展阶段，每个阶段都有一个特殊的欲望或需求的满足中心——性感区。如果前一阶段的欲望得到适当满足，则顺利发展到下一阶段。如果发展受阻（弗洛伊德称为“童年期创伤”），就会在成年后出现各种人格问题和变态行为。

表 1–2　弗洛伊德心理性欲发展阶段论

阶段	年龄范围	性感区	性生活
口腔期	0 ~ 1 岁	嘴唇舌齿	吸吮、吞咽
肛门期	1 ~ 3 岁	肛门、臀	排泄或保留
性器期	3 ~ 6 岁	生殖器	
潜伏期	7 ~ 12 岁		手淫
生殖期	12 岁以后	生殖器	异性相吸、手淫、性交

心理发展阶段中的特殊情结：

1. 恋父 / 恋母情结

孩子在肛门期这个阶段，甚至更长的时间，出现对双亲中异性一方（女孩对父亲，男孩对母亲）带有性欲色彩的爱慕占有的无意识冲动，同时表现出对同性一方的妒忌与排斥。在 3 ~ 6 岁孩子身上我们能观察到比较明显的恋父或恋母情结。比如男孩缠着母亲，甚至要和妈妈结婚，长大后找一个像妈妈的女朋友。

2. 男孩的焦虑与女孩的自卑

弗洛伊德认为男孩（包括成年后的男人），主导情绪是焦虑，而女人的主导情绪是自卑。这两种情结都来源于性器期的“阳具崇拜”。女孩感觉自己没有生殖器，比男人少了一个器官，自认为是不完全的人，种下了自卑的种子。而男孩害怕失去男性器官，认为如果自己对母亲的爱被父亲发现就会被阉割，从而产生“阉割恐惧”和焦虑。

男人为了逃避这种与生俱来的焦虑更多表现出进取、竞争、占有等行为；女人为了摆脱最初的性别自卑，表现出依赖、服从等行为。

三、后人对弗洛伊德理论的应用、评价与修正

对弗洛伊德及其理论，后人既有捧到天上的表扬，也有踩入地下的批评。没有任何理论像精神分析一样如此具有争议性。对弗洛伊德，你可以赞扬他，可以批评他，但是你永远无法绕开他。

弗洛伊德之后人们怀着复杂的心情对他的理论从各方面进行了修正和发展，产生出一些新的理论分支，如人际关系学派，社会文化学派，自我学派。这些流派统称为“新精神分析”，区别于弗洛伊德的“经典精神分析”。如今精神分析已经成为最有影响力的第一大学派，广泛应用在心理治疗、心理基础等领域中，甚至远远超出了心理学范围，从根本上改变了人类对自身的认知。

行为主义理论

行为主义认为人的心理活动就是在各种刺激之下做出的相应反应。“刺激—反应”是行为主义的基本公式。刺激和反应之间通过学习、强化机制建立起联结。在社会生活中，人的行为有些受到正强化，此类行为就被保持下来并加强，有些行为受到负

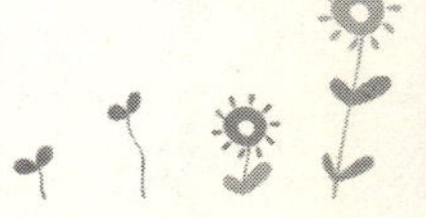

强化,此类行为就逐步减少或消退。人的行为就是通过强化和社会学习过程被塑造起来的。人们之所以学会某种行为,是因为这种行为和愉快的结果产生联系。人之所以避免某种行为,是因为这种行为给人带来不愉快的后果,这就是强化的实质。例如,孩子学会帮助他人,可能是他在帮父母做家务时得到了父母的表扬,这是正强化对行为的加强和引领作用。如果孩子不完成作业就不允许他玩玩具或者给予其他惩罚,孩子就减少不写作业的次数。行为主义认为人的攻击行为、人际吸引、态度改变等各种行为,都可以用强化原理来解释。除了直接强化,人还可以通过观察他人和模仿他人的行为习得某种行为结果,这就是观察学习。多次的学习会产生自动反应机制,即一个人独特的行为方式,当类似或相同情景出现时,人就采取惯用的方式做出反应。

社会认知理论

在拥挤的公交车上被人踩了一脚,你作何反应?是感到很生气?是与对方争吵打架?还是一笑了之?同样的社会情景人们的反应大不相同,关键看行为主体对当时的情景是如何判断,如何理解的。如果认为对方是故意挑衅,可能会表现出生气;如果认为这种行为绝对不可原谅,可能要回击对方,产生争吵或打架;如果认为由于人多拥挤,这种事情不可避免,没必要在意,可能一笑了之。

社会认知理论从认知过程解释人的社会行为,强调一个人的行为取决于知觉社会情境的方式。对情景的个人解释和理解是内在心理过程,是主动的、主观的。

一、认知失调论

认知系统之间有保持一致性的需要和倾向。当各认知因素之间出现“非配合性关系”时，认知主体就产生认知失调。这种失调带来心理压力，促使人改变观念或者行为，以减少或避免这种失调，达到新的认知平衡。比如，吸烟的人（行为）意识到吸烟有害健康（态度），于是下定决心戒烟（改变行为）。

二、社会认同论

如果有人说你这个人本身很好，但同时又说你家乡的所有人都特别坏，你会有什么感觉？你可能觉得他伤到了你的“群体自尊”，让你的自我认同感遭到打击。因为人除了自我认同感，还有社会层面的认同感，它来源于个体对自己作为某个社会群体成员身份的认识以及附加在这种身份之上的价值和情感。人们总是根据自己所属的群体来界定和评价自己。为了追求积极的社会认同感，人们在作群际比较时，常常偏向于内群体，这是一种“谁不说俺家乡好的心态”。

符号互动论

人为什么要穿名牌？当一个人在消费奢侈品的时候他到底要表达什么？品牌用品的意义远远超出了用品本身的价值和意义，一件衣服对人的意义超出了御寒遮体的本初含义，甚至也不止是审美，还有一层意义，品牌本身就是一种语言、一种符号，彰显着使用者的品位、消费能力、文化修养、审美眼光、社会地位……当物品或行为超出了它本身，转化成了另一种象征意义，这就是符号。人与人的互动和社会影响并不全是直接的和实体的，更多时候人与外界、人与人是一种符号之间的互动。

一、符号互动论思想

符号是指所有能代表人的某种意义的事物，比如语言、文字、动作、物品甚至场景等。一个事物之所以成为符号是因为人们赋予了它某种意义，而这种意义是大家（相关的人们）所公认的。使用符号是人类特有的高级能力。人的意识活动是在社会活动中掌握和运用符号的过程。个体通过人际互动学到了有意义的符号，然后用这种符号来进行内向互动并发展自我。如果某人没有使用符号的能力，那么其心智与自我乃至社会则处于混乱之中，或者说失去了存在的依据。整个符号系统中，语言符号最重要，语言是社会情景中个体与他人顺利进行和维持互动所必须的文化前提。人在社会情景中不断接受各种符号，对这些符号进行解读并赋予意义，然后选择相应的社会行为与情景互动。

符号互动最常用在人际沟通和互动中，人与人沟通成为可能的前提是双方有类同的符号系统并对符号做出相应解读。社会与个人借助符号相互影响、相互制约，个人通过符号能动地表达对社会的理解，同时维持和改造社会。

新兴的社会心理思潮

一、社会文化学派

文化学导向的理论认为心理活动是与一定的文化、历史和风俗习惯密切联系在一起的，认知、情感和行为都存在于一定的社会文化背景中，不同的社会实践活动是社会认知的来源。社会文化学派着重研究不同文化、不同时代和不同情境下个体社会活动的差别。社会文化取向借鉴文化人类学的方法，研究一定文化背景下的个体为达到某种目的而进行的实际活动，并认为这些实际活动以一定的社会交往、社会规范、社会文化产品为背景。个体以自己原有的知识经验为基础，通过一系列的活动，解决所出现的各种问题，最终达到活动的目标。

从接吻的方式到用餐的种类，从抚养下一代的模式到成年人的性格特点，无不体现出不同人群间的文化背景和文化规范的差异。在崇尚“男子汉”气概的社会里，攻击行为更为常见并且容易传递给下一代。有的学者考察了美国西部两种不同的文化：来自英格兰定居于东海岸的人民冷静且注重合作；来自苏格兰定居于南部的人民崇尚武力和个人荣誉，结果发现南方白人的自杀率比东部定居区的人要高得多。

二、进化心理学

进化心理学从进化论的角度解释人类的社会行为和社会生活。众所周知，进化论的基本思想是自然选择，任何物种的最基本动力是生存与繁衍，人类的行为也是在漫长的进化中经过自然选择，保留下了最具有恰当功能的对整体人类种族生存繁衍和发展最有用的心理模式。所以我们理解人类行为要看到进化心理机制，理解心理机制背后的功能，探讨进化根源。面临社会生活中的常见现象：为什么普遍认为皮肤光亮，头发有光泽，腰细臀圆的女性是美女？因为这样的女性通常气血充足，身体结构优化，更适合生育，也就是更容易为种族哺育优质的后代。这种审美观延伸出许多行为，比如女性化妆，要涂口红，抹腮红，涂红指甲，都是为了更光鲜靓丽。我们想当然认为这就是美，忘却了这美的观念来源于人类最原始的繁衍后代、优胜劣汰的进化动力。同样可以解释：为什么男性比女性更容易陷入婚外情？——因为男性有“生殖困惑”和“生殖焦虑”，本能中有留下自己更多基因的冲动。为什么孩子出生时长得像父母或其中一方？——因为孩子用这种明显的符号唤醒父母的爱，得到更好的抚育条件。为什么多子女家庭中排行不同的孩子性格不同？——因为在同一家庭中兄弟姐妹之间也有“生存竞争”，各子女通过选择不同的发展途径，包括不同个性的形成，从不同方面获得父母的爱。

三、建构主义

社会建构论认为，心理不是对客观现实的“反映”，而是复杂的社会建构过程的产物。感觉不仅是大脑的生理功能，更是“传统”的一部分。记忆不是个体内部的心理过程，而是一种“社会事件”或“集体行为”，是发生在“人与人之间的事情”。情感并非人或有机体对于刺激的“自然反应”，而是对某种社会文化背景中的“情感剧本”的表演。人的性别同样是社会的建构物。社会建构论因此主张心理学的研究对象应从个体内在心理向外部的社会建构过程转移。社会建构论对现代心理的某些信念进行了反思和批判，它试图说明，现代心理学对心理本质及规律的认识并不是客观的或唯一的“真理”。对待同一个行为反应和心理过程，可以有不同的建构，也就是有多种解释和多种可能性。对待社会现象，不是对立区分出“真假”“对错”，而应考虑它会带给我们怎样的心理世界。

四、叙事心理学

叙事心理学根植于后现代哲学，借鉴了社会建构论和文艺批评理论。叙事心理学认为人生来便处于故事之中，这些故事塑造了个体看待世界、别人和自己的方式，叙事规定了经验的模式。叙事就是人们通过讲故事的方式把人生经验的本质或意义表达出来。在叙述中，至少有两种不同的声音同时存在：一种是事件本身的声音；另一种是讲述者的声音，也叫“叙述人的口吻”或“叙事风格”。叙述人的口吻有时要比事件本身更为重要。“叙事即生活”，我们通过叙事来构建我们的真实，通过叙事风格的改变来发现新的选择。当事人在叙述中如何有意识地把一个特定的“外形”套到事件的片段上，从而构成故事的骨架，是很重要的问题。通过对叙事风格、故事结构等文本作话语分析，能够看出个人内心世界以及内心世界背后的社会文化建构。比如有的人讲话大而空，套话、官话连篇，全是“宏大话语”而没有“私人叙事”，没有实质内容，这种风格可以内化到他的生活和人格中，他可能是个僵化的人，不务实的人。

生活故事是多重的，也即在同一时间会发生若干个故事；同一个事件可以用不同的故事来讲述，而在每一个故事中都可能会有模糊不清或自相矛盾的地方，关键看当事人如何组织，如何讲述。历经几十年风雨的人，可以选取人生的一些片段，用“悲惨”的主题串联起来，于是他就是个“悲惨”的人。同样，换个“幸运”的主题，选取人生中有关幸运的片段，完全可以讲述一个“幸运”的人生。当某一事件发生时，人们就会用主流故事来对它进行解释。因而可以说，故事是人们在生活的过程之中建立的，它是相对于社会情境而言的。同一个剧本——生活事件，根据当事人的观点可以建构出多种可能，人的讲话总是修饰性的语言，包括支配故事讲述的语言习惯、叙事风格和私人叙事背后的元叙事与宏大叙事。

第2章　社会认知

导　读

先做一个简单又有趣的实验：凭着你的印象，在纸上分别画一个一角钱硬币那么大的圆圈和一个一元钱硬币那么大的圆圈。然后拿出实物对照一下，画的偏大还是偏小？两个圆圈的大小差异与两个硬币的实际差异相比，误差有多大？

有心理学家进一步实验发现，贫困家庭的孩子所画的硬币圆形比实际更大。

是不是把一角的硬币画得比实际小而把一元的画得比实际大？

为什么会这样呢？因为硬币不只是纯粹客观的圆形，我们给它赋予了“一角”或“一元”的价值。心理意义的社会价值比较影响了认知的客观性。

社会认知概述

一、社会认知

在社会活动中，人们对外在情景和他人行为有所觉察，并形成个人判断，在内部的判断评价影响下做出行为与反应。比如深夜里遇到一个陌生人跟在你身后，你怎么办？最终的行为取决于对此刻情景的认知过程，如果你做出判断认为那个人也和你一样在赶路，是很正常的，那么你就坦然地继续走路；但是你感觉对方可能图谋不轨，于是你就恐惧，逃跑。认知过程是外部世界与个人心理建立联系的桥梁和开端。

人怎样感知别人和周围的世界？为什么人们很难形成对世界的客观了解？哪些因素导致认知偏差？这些问题将是本章重点讨论的问题。

有必要提一下内隐社会认知。与外显的认知过程不同，它是在社会认知过程中某一经验不能被回忆但对个体行为判断产生影响，即无意识参与的过程。它是在缺乏意识监控或在意识状态不明确的条件下认知主体对社会刺激的组织和解释过程。

图 2–1　电影中的吸烟镜头

影片中过多的抽烟镜头有意无意地传递着一个隐含信息，那就是抽烟是很酷的行为。人们，尤其是青少年，在这种内隐认知作用下纷纷效仿。还有大量的有意利用内隐认知的植入广告，已经在很大程度上改变了人们的认知图示。

二、社会认知法则

在认知过程中人们运用类属思维对事物分类，动用已有的认知图示，总之尽量使认知过程简单化。为了达到简单化认知，还在特定情景下遵循某些认知法则。

便利法则：根据一件事进入脑海的容易程度来作出判断。比如我们看到一个拿刀的人，首先想到的是他是个坏人；一般不会想到他可能是一个好人，正在勇斗歹徒，相比后者，前者的判断更容易。可见人们在社会认知中首先追求的是简单便利而不是正确客观。

象征性法则：人们根据事物与某类型事物的相似程度来加以归类。比如我们看到一个桌子，我们会和脑中桌子的原型相比较，判断它属于书桌、餐桌，还是办公桌。

信息比例法则：按照总体中不同类别的成员所占的相对比例的信息来做判断。比如在山东本地判断一个人来自哪里，首先想到是不是山东人，因为在山东本地肯定山东人占的比例最大。

锚定与调整法则：人们以一个数值为起始点，依据这个起始点进行调整，但这种调整往往并不充分。比如在两种叙述情况下判断乐山大佛的高度，一种叙述是：我的身高 1.2 米，你说乐山大佛有多高？另一种叙述是：他的身高 2 米，你说乐山大佛有多高？结果发现，在第二种情况下，人们对乐山大佛高度的判断要比第一种情况的数值高。

对自我的认知——自我概念

某日富商闲来无事，到大街上散步，刚走不远，他看到前面有一个衣衫褴褛的铅笔推销员正满脸堆笑地向他走来，眼神里充满希望。富商见此怜悯之情油然而生，毫不犹豫地将一元钱丢进推销员的怀中，就缓步走开了。他以为能听到一句感谢的话，回头看时正遇上推销员那种不领情的眼神，他才忽然觉得这样做不妥，就连忙返回，很抱歉地对推销员解释说："对不起，我刚才忘了拿笔，希望你不要介意。"说着便从笔筒里取出几支铅笔，最后又说："我们都是商人，都不能做赔本的买卖。你有东西要卖，而且上面有标价，我照价付给了你钱，我也要拿走我买的东西。"这件事富商并没有放在心上，他只是觉得对任何人都应该尊重，不管他是否需要。

几年后，富商出席一个商业活动，一个穿着整齐的年轻人迎上前来，用充满感激的目光注视着他，富商感到很纳闷，但一时也想不起来这个人是谁，此时年轻人说话了："您早就不记得我了吧？我也是才知道您的名字，但不管您是一个名人还是一个普通人，我永远忘不了您。我是数月前的那个铅笔推销员，当时您的举动给了我足够的尊严。在此前我一直觉得自己像个乞丐，一个推销铅笔的乞丐，不配得到任何人的尊重。因为很多人都只给我钱，并没有拿走一件商品，他们都认为我是一个乞讨者，直到您走过来并告诉我，说我是一个商人。虽然您拿走了一元钱的商品，但却为我重新找到了尊严。您的话使我重新树立了自信，我立志要成为一个真正的商人，今天我做到了。谢谢您！"

年轻人的成功在于通过他人的尊重获得了积极的自我概念，他不再自认为是乞丐，把自己看成是真正的商人，最终成为

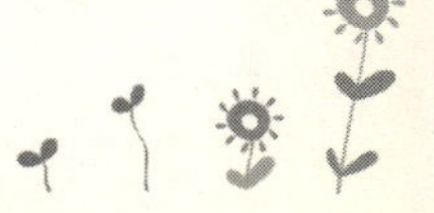

成功的商人。人如何看待自己,决定了行为的方向以及怎样行为,这就是自我概念的重要性。

一、自我概念功能

自我概念是个人关于自身的认识与观念,是个人按照一定的价值标准对自己进行价值评判后获得的自我评价和自我价值感。我们平常所说的我是谁,我怎么样等涉及的都是自我概念。自我概念包含三种成分:自我认知、自我体验和自我控制。自我认知是指主观的我对客观的我的认知与评价,包括自我感觉、自我评价等。自我体验是指自己对自己怀有的一种情绪体验,即主我对客我的态度,包括自尊、自卑、责任感、优越感等;自我控制表现为发动作用和抑制作用,控制个体的生理状态、情绪状态和意志状态,包括自立、自信、自制、自律等。

自我概念是心理内核,是人内心深处自内而外发散出的心理能量。自我概念的功能包括以下方面。

1. 维持自我统一性

自我概念使人们保持着内在一致性,人的思想、情感、行为,都围绕着一个内核展开,这个内核就是自我概念。一个把自己定义为"优雅、高贵、知性"的女性,必定注重自身衣着打扮,喜欢读书,言谈举止都要合乎"优雅"的标准,时时处处彰显自己的"高贵"。

2. 影响人的归因方式——如何解释过去经验

人们可能会获得完全相同的经验,但是不可能形成对经验相同的解释。当一个人的自我概念消极时,他对经验的解释也会是消极的;当一个人的自我概念积极时,他对经验的解释也会是积极的。一个自我定义为"浪漫迷人"的女性,对她失败的感情解释说:"我们爱得太深了,深得令对方窒息,所以我们忧伤又平静地分手了。"

3. 影响人的期望定向

在各种情境中，人们对于事情发生的期待、对于情境中其他人的行为解释以及自己在情境中如何行为，都取决于自我概念。由于自我概念引发与其性质相一致的期望，并使人们倾向于运用可以导致这种期望得以实现的方式行为，因而自我概念具有一种效应，称为"自我实现的预言"。

二、自我概念理论

（一）詹姆斯的自我理论

自我概念研究最早可追溯到美国心理学家詹姆斯对自我的讨论。詹姆斯将自我分为"主体我"和"客体我"。客体我由三个要素构成：物质我、社会我和心理我，这三个要素都包括了自我评价、自我体验以及自我追求等侧面。

詹姆斯认为，三种客体我都接受主体我的认识和评价，对自己形成满意或不满意的判断，并由此产生积极或消极的自我体验，进而形成自我追求，即主体我要求客体我努力保持自己的优势，以受到社会与他人的尊重和赞赏。

（二）米德的自我理论

米德从社会整体及社会和个体互动的视角来定义自我，按照符号相互作用论的思想解释自我及其形成和发展。米德通过对自我的研究发现，人们通过学习、扮演其他人的角色发展起自我概念，是他人对自己看法的总和，是各种角色的总和，代表着占有一定社会地位的人所期望的行为。每个人所扮演的角色是在人际互动中实现的。米德认为影响自我形成机制包含两类因素：一类是概念化的他人，即社会文化整体；另一类是重要他人，即影响个人生活和人格成长的中心人物。当我们做出某种行为之前会考虑“别人”会怎么看，“他们”会怎么说。这里的“别人”和“他们”不是具体指张三李四，而是笼统的抽象意义上的他人，也就是外在的社会价值规范内化成自我价值的一部分。重要他人主要指父母、老师、同伴等对自我形成有具体而深刻影响的人。

（三）库利的镜中我理论

库利认为自我只有在社会互动中才能产生，其中想象起重要作用。他用镜像自我来说明自我知觉的形成，包括三个方面：（1）个体想象自己在他人面前的形象；（2）个体想象他人对自己形象的评价；（3）上述两方面结合便产生自我感受或自我知觉。一个长相并不差的女孩一直不敢谈恋爱，拒绝各种相亲活动。因为她害怕相亲时男孩一看到她会带着讽刺说：“哇！原来是个胖妞啊！”其实这种情景完全是她想象的，但是她无法摆脱这种想象的打击，所以一直在逃避。根源还是她的镜像自我：“我是个胖女孩，胖女孩没人喜欢。”

（四）埃里克森的自我同一性危机理论

埃里克森认为，人的一生要经历一系列自我同一性危机，对于这些危机，人们会采取积极或消极的方式面对，从而对自我的发展产生重大影响。通过适当的方式度过危机，会促进自我成熟，建立稳定的自我同一性。

（五）沙利文的人际关系学说

人际关系学说十分强调自我发展的人际关系基础，特别强调早期的母婴关系。自我的发展来自与他人接触时所体验的感受以及对他人的反映性评价或感知。与愉快经验相联系产生“好我”，与痛苦和安全受到威胁相联系产生“坏我”，面对难以容忍的焦虑则产生“非我”即被拒绝的自我部分，这些都是人际关系经验的产物。

对他人的认知——印象

印象是人在最初遇到新的社会情境时，主观上按照自己以旧有经验为基础的理解，将情境中的人或事物进行归类所形成起来的对有关人或事物的概念，是社会知觉过程的结果。当我们刚刚认识一个人的时候，总是根据有限的信息对这个人形成印象，也是第一印象。对于第一印象，最重要、最有力的是如何评价对方，即在多大程度上喜欢或讨厌对方。

人们把他人若干有意义的人格特性进行概括、综合，形成一个具有结论意义的过程就是印象形成。印象形成是人们适应新的社会情境的一种方式，具有定向作用，也就是说第一印象决定着人们的反应。比如遇到陌生人是接近还是逃避，这就取决于我们的第一印象。

一、印象形成

（一）印象形成的影响因素

在印象形成中，我们总是遵循着一定的信息选择倾向。以下几方面的因素影响着印象的形成。

1. 自然特征

自然特征也就是人的生理特性和天生属性，包括性别、种族、年龄、相貌、外表等。自然特征在第一印象形成中作用更大。美国一家电台做过一个实验，邀请一位明星分别装扮成年轻女性、孕妇和嬉皮士的形象，在高速路口汽车抛锚求助，结果获得帮助最多的是“少女”，最少的是“嬉皮士”。

2. 社会特征

在印象形成的过程中，我们会首先确定其社会角色或归属

某类群体，然后做出评价。如消防员救火被认为尽守职责，学生救火被评为见义勇为。

3. 心理特征

包括人际关系特征与智力特征等。人际关系好的人和聪明的人，人们对他的印象也会普遍较好。

面对上述众多的信息，我们通过筛选、输入、加工，最终形成总体印象。

（二）印象形成过程中的知觉偏差

1. 首因效应

在总体印象形成上，最初获得的信息比后来获得的信息影响更大。即第一印象效应。德国社会学家通过追踪研究发现，长相有魅力的人更容易获得成功。原因在于人的第一印象形成首先来源于外在相貌；同时现在社会是快节奏的社会，人们根据短暂的初次接触就会作出是否录取、是否合作等决定，所以有魅力的人凭着第一印象的优势获得更多成功机会。

2. 近因效应

在总的印象形成上，最近获得的信息比原来获得的信息影响更大。比如我们认为一个人特别好，后来却发现他有一个缺点，对他的印象就会下降。

3. 晕轮效应

对一个人形成了某种印象后，这种印象会影响对其他特质的判断，人们会习惯以与这种印象相一致的方式去评估其所有的特点。“情人眼里出西施”就是因为这个原因。

4. 保守性

印象具有稳定性和渗透性，一旦形成即使发现错误也不想改变。人们会忽略掉与印象不一致的信息，或者改变对不一致信息的解释。一个“好人”犯了错误我们会视而不见或者认为他有特定的苦衷。

另外我们需注意的是，在形成印象的过程中，人们比较重视负面信息，但倾向于对他人做出正面评价。

二、印象管理与形象塑造

显然，每个人都想留给别人好的印象，会采取一些措施影响他人对自己印象形成的过程，使别人所形成的印象符合自己的期望。求职面试的时候准备简历，穿上干练的职业装；参加社交活动刻意修饰一番；人际交往中注意自己的言行……这些行为都是出于"印象管理"。

戈夫曼在其《日常生活中的自我呈现》一书中提出"戏剧论"，也称为印象管理。他认为社会交往就像戏剧舞台，每个人都在扮演某个角色，演出一定的节目。当个人在别人面前出现时，他总是试图控制别人对自己形成的印象。社会赞许的需要以及控制交往结果的愿望促进人们进行印象管理。在社会互动中，每个人都竭力维持一种与当前的社会情境相吻合的形象以确保他人对其做出正面的评价。如果能够成功地维持良好的形象，这个人就会受到周围其他人的赞许，他就"有面子"，否则，就是"丢脸"。每个人都有一套保全面子或挽回脸面的策略，即面子功夫，就是印象管理的策略。

（一）印象管理过程

印象管理的过程包括两个阶段：一是形成印象管理的动机，二是进行印象建构。印象管理的动机是指人们想操控和控制自己在他人心目中的印象。印象越是与个人目标密切相关，个体进行印象管理的动机就越强烈；目标越是有价值，个体进行印象管理的动机就越强烈；一个人期望留给他人的印象与他认为自己已经留给他人的印象之间的差异越大，个体进行印象管

理的动机就越强烈。

（二）印象管理的策略

1. “登门槛”效应与“门面”效应

“登门槛”效应，是指当个体先接受一个小的要求后，为保持形象的一致性，他更可能接受一项重大、更不合意的要求，又称“得寸进尺”效应。

“门面”效应，是指如果对某人提出一个很大而又被拒绝的要求，接着向他提出一个小一点的要求，那么他接受这个小的要求的可能性比直接向他提出这个小的要求的可能性大得多。

这两种效应都说明人们希望保持印象的一致性。如果我们反复无常的话，别人就会觉得我们很不靠谱，因此就会给人留下捉摸不透的差印象，别人也不乐意和我们交往。

2. 讨好与自我提升

讨好是一种使别人喜欢自己的策略。琼斯提出了四套赢得他人喜欢讨好策略。（1）恭维或抬举他人；（2）在意见、判断和行为上遵从别人；（3）自我表现；（4）给予好处（施惠）。这四种策略大家都很容易理解，唯独需要注意的就是我们在运用时要适度，不能太过火，否则会收到相反的效果。

自我提升是通过个人积极的行为或讲述自己的积极事件给别人留下好印象的过程。展现自己的能力是进行印象管理的一种不错的选择，但是一味讨好他人迎合外部，并不能获得他人的真正尊重和重视。

3. 恰当的自我表露

自我表露指个体与他人交往时自愿地在他人面前真实地展现自己的行为，倾诉自己的思想。心理学家曾设计过一个实验情景，邀请三个竞选人作公开演讲，背景相同，演讲内容也相同。第一个表现堪称完美，观众找不到任何缺点；第二个在完美演讲的同时观众发现他有点小紧张；第三个犯了明显的错误，几度演讲中断。结果，得票率最高的是第二个竞选人。人们普遍喜爱完美中有小缺点的人，因为这样的人让人感到更真实、更可信。在与别人的交往中，如果总是隐藏自己的真实形象和想法，别人会认为这人隐藏太深，不值得深交。表现自己真实的一面，让人感到更加信任、可靠。当然自我表露要适当，过度的自我表露会给自己和对方都带来心理压力。

4. 自我妨碍

自我妨碍是人们为自己制造障碍寻找借口，以便在表现不佳时避免自责的策略。这是一种自我保护性策略，有利于把我们的失败归于暂时的、外在的因素而非自己的天赋或能力的匮乏，从而保护我们的自尊和公众形象。

对群体的认知——刻板印象

前苏联心理学家包达列夫曾做过一个实验：把被试者分成两组，让他们分别看同一个人的照片，这个人眼睛深陷，下巴外翘。包达列夫向第一组介绍这个人说“你看到的这照片上的人是一名罪犯”。而对第二组介绍的是“这个人是一位著名的学者”。然后包达列夫要求两组被试者对照片上这个人的相貌特征说出自己的看法。结果，第一组被试者认为，照片上这个人眼睛深陷，表明他是一个狡猾且凶狠的人；下巴外翘说明他性格固执顽冥不化。第二组被试者的印象完全相反，他们说照片上的人眼睛深陷，说明他是一个有深邃思想的人；外翘的下巴透漏出对真理的执着和不轻易放弃的学术精神。为什么会出现这么大的差异呢？就在于被试者事先对照片上人的社会身份有了既定的认知，罪犯或学者，然后就按照罪犯或学者的特征往这个人身上套，而且被试者认为自己是正确的。这就是所谓的“刻板印象”，也称定型效应，人们用印刻在头脑中的关于某事或某人的既定认知和固定印象，以此作为判断和评价的标准。实际上刻板印象是类属思维的表现：一提起某人是南方人，我们就把他放入南方人这个群体类别中，所有南方人的共性都放在他身上，同时也容易忽略了个性差异。

日常生活中我们很容易被刻板印象牵着鼻子走，刻板印象一经形成，就很难改变。比如说很多人认为女人就是应该被保护的，男人就是应该保护别人的，一旦两者反过来，世人就不容易接受。

那刻板印象是如何形成的呢？生活在同一地区的或同一文化背景中的人们，常常表现出许多相似性，在不知不觉中人们就将这种相似性的特点加以归纳，概括到认识中并固定下来，这就形成了刻板印象。刻板印象是类别化的产物，我们平常所说的“物以类聚，人以群分”就是类别化。类别化的结果就是我们会放大或过于强调属于不同群体之间的差异。

刻板印象源于知觉者的动机，通过启用心理防御机制，人们会将内群体某成员的消极的属性知觉为外群体的特征，并且通过以不友好的术语标定外群体，感觉内群体成员比其他群体“更好”。

刻板印象也是社会情境与文化传承的产物，刻板印象的形成和维系过程中家庭、传媒、文化传统都起到主导性影响。人们通过社会学习获得社会环境中流行的群集的观念与态度，反过来，这些观念系统又会得到社会的强化。

刻板印象具有积极和消极两方面的作用，刻板印象节省了我们的时间和精力，节省了我们的认知资源，是我们了解别人的一个捷径。但是它却夸大了群体间的差异，缩小群体内差异，也抹杀了对个性的认知，严重时还会阻碍我们接受新事物，容易导致各种偏见。

美女特工形象。尽管作为特工刚毅勇敢，但是仍然摆脱不了观众对于女性必须美丽性感的刻板印象

对事件的认知——归因

还记得你初次听到马航客机失联事件的反应吗？在为遇难者惋惜同时你最迫切想知道的是什么？恐怕绝大多数人会问"为什么？""到底发生了什么？"面对发生在自己或他人身上的任何社会事件，我们都希望找到原因，给出一个解释，给一个说法，这样我们才觉得整个事件有了交代，是"完整的"，否则，人的心理就产生未尽事宜，心理学中称为"心理缺口"。纵观历史，人们对历史上和自然中的各种"未解之谜"从未停止探索、解释、争论，大概源于人类归因的需要。人们宁愿相信一个假设性的解释甚至是不合理荒诞的解释，也不愿意忍受没有解释。回想一下马航事件，各路媒体急于挖掘一切细节，给予民众尽可能多的细节描述，与此同时出现了各种官方的和非正式的说法。这些现象都可以从归因理论理解。

归因是指根据有关的外部信息、线索判断人的内在状态，或依据外在行为表现推测行为原因的过程。但是人们并不是任何时候都做出归因，在发生出乎意料的事情或有令人不愉快的事情发生的时候，人们的归因需要更强烈。

那我们具体是怎样进行归因的呢？下面我们来看看归因的理论是怎样进行解释的。

一、归因理论

（一）海德的归因理论

海德认为人有两种强烈的动机：一是形成对周围环境一贯性理解的需要；二是控制环境的需要。根据这两种需要，海德指出人们在归因时运用两种原则：共变原则，即某个特点原因在许多环境和情境下都和某个特定结果相联系；排除原则，如果内外因中某个方面足以解释结果，那么就排除另一方面。

海德认为行为产生的原因在于此种行为根源是人本身还是环境，或者两种皆有。在对后果负责的知觉研究中发现：认识谁对后果负责比了解事件发生的原因更重要。

（二）韦纳的归因理论

心理学家韦纳认为成功、失败的原因包括两个维度，一个是成败是由于内在因素还是外在因素，一个是决定成败的是经常发生的还是偶尔发生的。要综合两个维度才能做出总结性的归因。能力、努力、运气、任务难度是个体分析工作成败的主要原因。

行为原因除了有内外与稳定性两个维度外，还有第三个维度——可控性，即行为动因能否为行动者个人所控制。如果是可控的，就意味着行动者可以通过主观努力改变行为及其后果。

内外控者所理解的控制点位置不同，因而他们对事情的态度和行为方式也不同(见表2-1)。

表2-1　三维归因模型

	内部		外部	
	稳定	不稳定	稳定	不稳定
可控	努力程度	心境和情绪	他人偏见	他人偶然帮助
不可控	相应能力	身体状况	任务难度	运气 突发事件

(三)凯利的归因理论

凯利认为,人们在归因时会像科学家一样在所有的信息中去寻找规律,同时考虑到三方面因素:客观刺激、行动者、所处关系或情景。其中行动者因素属于内部归因,客观刺激物和所处情境属于外部归因。对这三个因素的任何一个因素归因都取决于下列三种行为信息。

特异性(区别性),行动者是否对同类其他刺激做出相同反应,也就是说行为者的行为是否因对象而异,如果因对象而异,则具有特异性,相反则不具特异性。

一惯性,行动者是否在任何情境和任何时候对统一刺激物做相同反应,即行动者行为是否稳定持久,若是,则一惯性高,否则则一惯性低。

一致性,其他人对统一刺激是否也做出行为者相同方式反应,或者说行为者的行为与其他人相比是否与众不同,若是,则一致性高,相反则一致性低。

个体从上述三个方面信息的协变便可得出结论,有且只有三种组合方式。一是一致性低,一惯性高,区别性低,即与众不同,总是如此,不因对象而异,此时行为的原因在行为者本身;二

是一致性高，一惯性高，区别性高，即与众相同，总是如此，因对象的不同而不同，此时行为的原因在于行为所指的对象身上；三是，一致性低，一惯性低，区别性高，即与众不同，偶尔如此，因对象的不同而不同，此时行为的原因在于行为发生时的环境之中。

（四）琼斯·戴维斯归因理论

琼斯·戴维斯归因理论又叫对应推理理论。该理论认为人们进行个人归因的时候，要从行为及其结果推断出行为的意图和动机。一个人关于行为和行为原因所拥有的信息越多，他对该行为所作出的推论的对应性就越高。暂时的想法不如经常出现的意图更能说明一个人的特点。人们获取的信息不同，推理得出的结论也不同。

行为结果的严重性：如果行为结果严重，对其原因的推断就比较困难。比如班级上的同学退学，我们就很难推断具体原因。

非共同性结果：所选行动方案有不同于其他行动方案的特点。非共同性因素越少，相应推断的可靠性就越高，因为对行为的归因是根据非共同性结果进行的。

社会期望：一个人表现出符合社会期望的行动时，人们难以推断他的真实态度，当一个人的行为不符合社会期望时它可能反映出行动者的真实态度——反社会的态度。

选择自由性：如果我们知道个体从事某种行动是自由选择，则倾向于认为这个行动与其态度相对应，否则就很难推断。

二、归因偏差

（一）基本归因偏差

我们在解释他人的行为时，往往会低估环境等外在因素的影响，而高估人格或态度等内在特质的影响，这种倾向称为基本归因错误。一位学生为什么考试不及格？我们首先想到他没有努力；学习态度不端正；能力不足，诸如此类内部原因。

基本归因错误的原因有两个，一是人们有一种对自己的活动结果负责任的态度，所以更多的是从内因去评价结果，而忽视了外在因素的影响；二是因为情境中的行动者比其他因素突出，所以就易把原因归于行动者，而不是情境因素。

基本归因错误有时表现在行动者与观察者之间，当人们作为一个评价者对别人的行为进行归因时，倾向于稳定的内部因素，而作为自我评价者对自己的行为进行归因时，却倾向于外部因素。这也正是一个人往往会高估或低估其他人的原因所在。

（二）自我服务偏差

人在归因时总是寻找对自己最有利的原因解释。所以面对成功或失败不同的行为结果，归因方式也就不同。成功了就归因于个人的努力和能力等内部因素，失败了就认为是外部诸多不利因素造成的。这种归因方式最大程度上维持了自我形象，也保护了自我价值感，减少自我否定和自我指责带来的苦恼。

归因是对社会事件的某种解释方式，只有方式的差异，不存在对与错。归因方式的差异是人与人个性差异的表现之一，也是人建构对事件认知图示的基本方式。不同归因不但影响人对已经发生的事件的解释，还影响到人的今后的行为倾向。比如内部归因的人，对待成功的结果他会体验到成功感和自豪感，认为只有通过努力才能取得成功，下一步要更加努力；面对失败的结果也会自我总结，吸取教训。而外部归因的人容易怨天尤人，认为个人是无能为力的，无论成功还是失败，对下一步的行为都采取无所谓的态度。

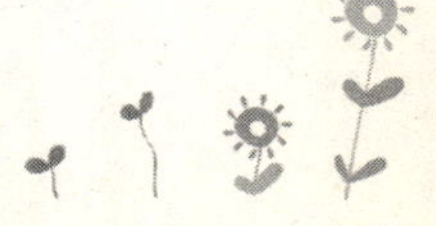

第3章　社会感情

导　读

图 3-1

土家族的女孩出嫁前夜姐妹们陪着边哭边唱，新娘表达对姐妹的不舍，姐妹们用“哭唱”的方式表达对新娘新生活的祝福

图 3-2

新娘在上轿前哭诉对母家的不舍，在母亲和兄弟的劝说下“勉强”上花轿

众所周知，结婚是人生最大喜事，无论是新郎新娘当事人还是参与婚礼的人，其情绪情感表现都应该是喜气洋洋的。试想你去参加朋友的婚礼，哪怕你出门前刚好与爱人吵架，心情不好，但是到了婚礼现场你是笑着说“恭喜恭喜”呢，还是满脸乌云呢？显然我们要压抑下内心的烦恼，融入到喜庆的氛围，让自己快乐起来。因为情绪不仅是我们自己的，还是要表现给大家看的，是要与外部社会环境与我们所在的文化要求相适应的。参加婚礼“必须”喜庆，说吉祥话；参加追悼会“必须”庄重肃穆。所以说情绪不仅是生理反应，也不仅是与他人无关的个人内心感受，情绪具有社会性，具有文化性，我们称为“社会情感”。

文化对社会情感的影响能够在民俗中充分体现出来。姑娘出嫁前就一定是欢天喜地喜笑颜开吗？如果你回答说“当然了”，这种说法其实是错误的。在你所处的文化中你认为是当然的，甚至是必须的，放在其他文化民俗中未必是恰当的。有的人认为姑娘出嫁前不该笑，而应该哭。你觉得不可思议吗？其实没有哪种情绪是对或错的,只有是不是恰当。例如上面提到土家族至今保留着"哭嫁"的风俗。姑娘结婚前几天开始边哭边唱,其他的姐妹和亲人也陪哭,通过"哭唱"的方式,将姑娘隐藏在心底的复杂心理,细腻的感情,艺术化地表现出来,诉说着对父母的感恩、对家乡的眷恋,也包括对娘家人的祝福和对自己未来美好生活的向往。"哭唱"在上轿前达到高潮,必须由众姐妹反复劝说(唱着劝说),新娘才"恋恋不舍,委委屈屈,哭哭啼啼"上轿。如果我们非要追问:新娘难道不高兴吗?高兴为什么要哭?结婚到底该哭还是该笑?人的内心情绪为什么和外在的表现不一致?就算做个所谓完全真实的人,土家族的姑娘不顾当地文化习俗,欢天喜地蹦蹦跳跳上了花轿,即使不被当地人认为是神经病,恐怕在情感上也难以接受吧?

如果我们从社会——文化——心理的角度分析,看到情绪情感的形成、内容及表达如何受到社会规则和文化定义的影响,这些现象就不难理解,而且非常有趣。

社会感情概述

人是有感情的动物。人非草木,孰能无情?这都说明感情是人类心理不可或缺的部分,也是社会生活的重要内容。人生中的爱恨情仇,每天伴随我们的喜怒哀乐,构成了每个人的多味人生,成就了社会的丰富性。

感情是什么?恐怕没有人能彻底说清楚,因为感情是主观的、内在的,每个人的感受不一样。我们虽然难以给感情下一个确切的定义,但是不难总结出它的本质特性,那就是,感情是伴随个体活动和心理过程产生的主观心理体验和心理感受。从某种意义上讲,人与人的互动就是相互间的情绪表达过程,即把内心感受通过喜怒哀乐和爱恨情仇表现出来。感情可以分为情绪和情感,统称感情。二者的本质是一样的。一般来说情绪更侧重人的喜怒哀乐等与社会情景相关的,短暂的爆发性的体验。而情感相对更持久、更深刻、更有社会性,比如爱国主义情怀,比如感受到自己身上的责任感与使命感。

一、情绪与需要

那么情绪是哪儿来的呢?什么事情让你愉快?什么事情又让你难过?失恋了会痛苦,这份失恋后痛苦的感受哪儿来的?是因为恋爱本身吗?不是,爱本身没错,甚至是让你感觉美好的。但是美好的事情一旦失去,就会痛苦,也就是失恋痛苦的根源在“失”而不在“恋”。这种感受的本质是你爱与被爱的需要没有得到满足。所以,需要是情绪产生的根源,需要是否得到满足是情绪体验的中介变量。某种需要得到满足会产生相应的积极正向肯定的体验,如欣赏、喜爱、高兴。相反则会产生负面的情绪体验,如不满、恼怒、愤慨。

二、情绪与认知

另外一个重要的情绪变量就是认知。同一个人在不同时间地点和条件下对同一事物的认知、判断和评价不同,产生的情绪体验也不同。比如与朋友喝酒,可能激起“与尔同消万古愁”的豪情,也可能引发“酒逢知己千杯少”的感慨,还可能让人联想到“酒入愁肠,化作相思泪”的情境。同样是一杯酒怎么会有如此不同的反应呢?关键不在酒本身,而在于喝酒的人对所处的社会情景的感知,在当下情景中人们对酒赋予了某种意义,而不同的意义是通过人的认知评价功能实现的。在做出情绪反应之前,人们在认知活动的参与下对环境中刺激事件的意义做出反应，表现出某种情绪。

社会文化与情绪情感

情绪情感最能体现人的自然属性与社会属性的统一。拿喜怒哀乐等基本情绪来说，一方面基本情绪近乎人的本能，是与生俱来的，只要有外界适当的刺激就会产生相应的情绪。另一方面在形成、发展和表达的过程中，都会受到社会文化的影响。

跨文化研究发现，由于不同文化对行为规范的定义不同，对于在什么场合下应该表现什么样的情绪的规则不同，这些文化差异影响整个情绪的反应和感受以及表达。关于愤怒情绪，尽管其生物基础是一样的，但是西方文化是对负面情绪的接受倾向，愤怒的宣泄是被社会认可的；东方文化是拒绝倾向，认为应该对愤怒情绪适当抑制。因纽特人基本不会表达愤怒的情绪，他们认为一个人无论遇到多少不公平的待遇，都不应该表现出愤怒，愤怒情绪是不光彩的。而阿拉伯文化中，认为作为人首要的是要会生气，一个连愤怒都不会的人是让人瞧不起的。另外同一情绪背后的影响因素和构成要素也是不同的。文化研究发现，基于我们特有的“面子”文化，中国人对伤及“脸面”的事情特别容易感到愤怒，这在其他文化中是不可理解的。美国人可能因为别人侵犯了自己的隐私而气愤，中国人则可能因为请别人吃饭不给面子而恼羞成怒。可见社会发展中长期形成的文化力量，扮演着规范情绪并使情绪与文化相适应的关键角色。理解情绪脱离不开文化视角。

一、情绪表达规则

文化对情绪最直接的影响，体现为每个社会都有自己的一套情绪表达规则。即社会文化形成了一套成文的或不成文的（如习俗）规则，规定个体在什么情景下，对什么人，应该表现出什么样的情绪情感，而不管内心的真实感受如何。

我国传统文化把亲人去世视作最伤感的事情，同时也把亲属在葬礼中的悲痛程度看作衡量与逝者情感的尺度之一。我们把送葬称为“举哀”，让亲属极尽哀伤痛苦之情，因此在中国人的葬礼上到处是失声痛哭、哀号不止，悲痛的情绪表达到极致。基督教文化认为人死亡是一个可以接受的事实，逝者是去了永恒的天国，所以基督徒的葬礼相对平静，参与葬礼的人情绪相对稳定、平和、中性。有报道称英国女王在撒切尔夫人的葬礼上微笑，国内有人对此吐槽，认为这种不够伤心的表现是对死者的不尊重。按某些人的理解，似乎不管内心感受如何，都应该表达悲伤，必须要掉泪。其实这是不同文化之间的误读。

图 3–3

英国前首相撒切尔夫人的葬礼上，总体氛围是安静庄严的

二、情绪情感的社会属性

（一）突生属性

有些情绪，不是与生俱来的，甚至与生物基础关系不大，它是特定社会情境和社会关系的产物。换句话说有的情绪只有在人与人发生关系或者个人的心理或行为与所处的社会文化情境结合时才显示出来。参加升旗仪式激发出爱国情感，看到生老病死感慨人生无常，这些感受都不是事先在我们心里的，而是身处特定情境才被唤醒的情绪。

一个真实的例子。在2008年汶川地震中，成都一个写字楼震动严重，人们都跑到了广场。晚上，天气转凉，一个年轻人冒着危险跑回楼里寻找毛毯和食物，分发给众人。这一切被身旁一女孩看在眼里。当年轻人送给女孩毛毯时，女孩大方地说："我们一起披着这块毯子凑合一晚吧。"事后双方都说："爱情，就在那个特殊的夜晚，在那个人与人不相识但相依的特定情境下，不经意间产生了。双方都有照顾对方一生的强烈情感。"

（二）整饰化属性

社会生活中，你可以随心所欲吗？你能保证你表现出的情绪绝对真实吗？完全真实的情绪就一定受到他人的认可和接纳吗？当你想表达某种感受表现某种情绪时，还要考虑到社会关系的规范要求，考虑到对他人的影响，有时还可能处于某种策略性的考虑。这都要求人们在某些情况下，必须对自己的情感进行整合、掩饰、修正、隐藏、扩张等。

试想你的竞争对手突然遭遇不幸，而你白白拣来一个晋升的机会，此时你的真实情绪是什么？庆幸？得意？兴奋？当然也有对死者的惋惜、怀念、难过。那么你在他人面前表现哪种情绪呢？无论是出于对自我的掩饰还是做人的基本规范，你肯定否认庆幸得意的情绪，表现出可能比他人还要夸张的惋惜、怀念和难过。

社会感情的整饰可以通过表情传递你所需要的信号，比如领导者用微笑表示平易近人以塑造公众形象；在婚礼上掩饰自己悲伤的情绪以适应社会规范的要求。还可以改变对某种关系的解释，或者改变身体感觉和对别人的反应。目的是适应社会文化中的“感情规则”——在什么情境下投入多少情感是恰当的。参加朋友婚礼应该表现愉快的情绪，但是愉快到什么程度呢？你如果比新郎还兴奋，是不是过犹不及了呢？

情绪状态

一、情调

情调是伴随感觉而产生的情绪状态。如颜色不仅给我们提供了色彩信息，而且还涉及情感体验。如黄色意味着温暖，蓝色代表明亮。我们说的“色调”，重在一个“调”字。同一刺激引发不同情调，这是由于受到社会文化的影响。在我们的文化里，红色被视为喜庆、吉祥、欢乐的色彩。德国人则认为红色表示崇高、严肃和尊严。

研究不同刺激和各种刺激搭配引起的情调，具有应用价值。我国美食文化中讲究色香味俱全，引起就餐者的愉悦情调。咖啡厅里装饰名贵的壁画，播放著名的钢琴曲，都是为了营造浪漫迷人的情调。

二、心境

心境是比较平静而持久的情绪状态，就是我们通常所说的

心情。心情是对自己当下处境的特定体验,是我们内心的底色,心境具有弥漫性,让我们以同样的态度看待外部的一切。一旦有了愉快的底色,感觉天是那么蓝,太阳那么灿烂,下点儿小雨也带有浪漫色彩;一旦心情忧伤,天气再好也与我无关,太阳似乎那么刺眼,下雨天如同自己心情一样阴沉。

心境对人的生活、工作、学习、健康有很大影响。积极向上、乐观的心境,可以提高人的活动效率,增强信心,对未来充满希望,有益健康。消极悲观的心境,会降低认知活动效率,丧失信心和希望,降低动机水平和积极性,有损健康。一个人的世界观、理想和信念决定着心境的基本方向。

三、激情

激情是一种强烈的、爆发的、短促的情绪状态,通常有强烈的欲望和明显的刺激引起。身处热恋或失恋,突然的危险,生活的变故等都会引发激情。激情状态下自我卷入程度很深,失去身心平衡,常常不能意识到在做什么,不能控制自己,不能预见行为的后果,不能评价行为及其意义(有种犯罪现象叫"激情犯罪")。激情还伴有明显的表情动作和机体剧烈变化,行为冲动性和情绪的激惹性增强。如盛怒时暴跳如雷,血脉喷张,绝望时心灰意冷,麻木不仁。

四、应激

应激是处于紧张危机的情境下引发的情绪状态。当人受到一系列紧张刺激会引起全身性的反应,这种反应持续一定时间会产生适应综合征。现代人普遍存在的早衰、倦怠、焦虑、各种慢性病等症状,就是由于现代人的生活节奏太快,压力太大,紧张源太多,几乎随时处于应激状态下,影响身心健康。应激是可能导致疾病的机制之一。

应激反应包括动员、应对和衰竭三个阶段。例如，参加体育竞赛，首先反应是调动身体机能，动员身心能量应对比赛，这一阶段精力高度集中，全心投入比赛准备。接下来是应对或阻抗阶段，这一阶段通过呼吸和心率加快、血压升高、血糖增加等变化，充分动员人体潜能，应对环境的挑战。这种紧张状态持续一段时间，紧张情境暂时解除，个体就会感觉能量用尽，出现衰竭，机体被自身的防御力量所损害，容易导致适应性疾病。

五、情操

情操是人对具有一定文化价值的东西（如道德、学问、艺术等）所怀有的深沉的感情。主要包括道德感、理智感和美感。

（一）道德感

人根据道德认知和道德判断来评价社会现象时体验到的情感就是道德感。我们对英雄的敬仰，对不幸者的同情，对邪恶者的憎恨，对自己过失行为的内疚，对家人的责任感，对祖国召唤产生的使命感，都是道德感的具体表现。

（二）理智感

伴随着认知世界和获取知识的过程所产生的情感，发现真理后的自我肯定与价值感，探索过程中的疑惑和好奇，得到答案后的惊喜感，都属于理智感。理智感成为推动人探究世界，追求真理，进行学习和研究的主要动机条件。

（三）美感

美感是根据一定的审美标准评价事物时产生的情感体验。美感受客观情境激发，也受个人思想观点和价值观念的影响，美既是客观的也是主观的。对他人良好德行的欣赏和赞美，对生活的热爱与美好感受，对风景产生的愉悦体验，都属于美感。

社会情感

一、亲情

亲情是建立在血缘关系基础上对成员间的共享、付出、亲密的情感体验，主要存在于家庭成员间。

二、友情

友情是以互助和情感支持为主要特点的后天建立的情感联系。友情作为一种人际关系和社会情感，分为许多类型，比如有的属于功利型朋友关系，即俗称的酒肉朋友。也有的属于互利互助型的，有的属于相互认同型的。

三、爱情

爱情是什么，很难有个确切的定义。正是它的神秘性、复杂性和浪漫性，才被称为文学中永恒的主题，也是人类社会生活中不可或缺的主题。爱情首先是源于人自身的生理需要（性与情感的需要）。但它更多具有社会属性，因此，不存在脱离社会实际的“纯感情”。爱情是感性与理性的结合，是生物性与社会性的统一。爱情作为一种人类高级情感是永恒的，但是人们的爱情观念和行为表现则是随着社会发展变化的。女孩的择偶标准反映了爱情的时代性：20 世纪 60 年代“工人老大哥”的年代，姑娘们以嫁给工人为自豪，工人成为恋爱对象的首选；70 年代，军人号称“最可爱的人”，于是军人形象成为那个时代的白马王子；80 年代，大学生是天之骄子，是女孩喜欢和追求的目标；90 年代，社会兴起了下海热，商人成为时代的弄潮儿，商界精英成为更多女孩的择偶首选。到了21世纪,女孩们该爱谁?价值多元的时代带来了爱情的迷茫。看似个人的自由选择,人终究无法脱离社会,终究活不出时代。

爱情之所以复杂又难以说清,是因为爱情里面糅合了人类几乎所有高级情感和人性的各个层面。比如爱情中理性与感性的关系,自然性与社会性的关系,原始冲动与道德责任的关系,等等。前苏联学者瓦西列夫说:“爱情是一种复杂的、多方面的、内容丰富的现象。爱情的根源在于人的本能、在于性欲。这种欲望不仅把男女的肉体,而且把男女的心理引向一种特殊的、亲昵的、深刻的相互结合。但是爱情不单纯是一种本能,也不单纯是柏拉图式的淫欲和精神的涅槃。爱情把人的自然本质和社会本质联结在一起,它是生物关系和社会关系,生理因素和心理因素的综合体。”

四、现代社会爱情变迁——你想到的和想不到的

(1)虽然结婚率有所下降,但是还是会有九成以上的人最终会结婚。同时也会有越来越多的人自愿选择单身和晚婚。

(2)其实婚前同居的伴侣比没有同居过的更倾向于离婚,因为他们带入更多的个人的态度和价值观。

(3)谈恋爱时间的长短与婚后生活质量并不直接相关。

(4)环境的变化常常导致伴侣间投入比率的改变。在恋爱期和婚姻初期,男女之间投入的精力和感情以及贡献率比例可能是70:30。而到婚姻晚期,如果丈夫身体患病,妻子可能外出工作并在家庭中承担更多责任,这个比例可能正好相反。适应婚姻中的责任担当以及各种变化,才是保持感情长久的秘诀。

(5)爱情、友情和亲情具有相互重叠的关系,尤其是在婚姻中。

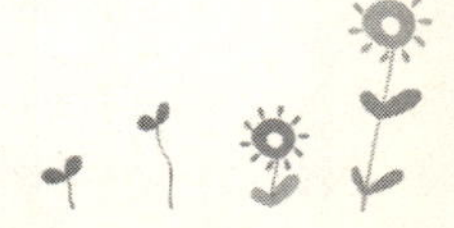

(6)造成婚姻不满甚至破裂的主要原因与其说存在差异,不如说双方在讨论差异时缺乏良好有效的沟通。

(7)与过去相比,现代社会的离婚大部分是由女方提出的。一个原因是女性更注重感情,更在意婚姻的质量。

(8)婚外情对一些婚姻具有彻底毁灭性,对另一些婚姻没有影响,还可能使一些婚姻重新焕发活力。这主要取决于夫妻双方如何应对婚外情。

(9)为了孩子不离婚是明智的选择吗?错。有大量证据表明如果原生家庭长期充满争吵和战争,会比离婚本身对孩子的伤害更大。

(10)结婚者比未婚人士更健康快乐,活得更长。原因是婚姻满足了情感支持和照顾他人及被人照顾的需要。

五、爱情中的“罗密欧与朱丽叶效应”

女孩小A大学毕业后父母对她所有做过的工作都不满意,强烈要求她待业在家考公务员以赢取“金饭碗”。连续考了两年都功亏一篑,小A几近崩溃。这时小A认识了一个有犯罪前科的社会闲散青年小C。小A与小C之间巨大的反差和完全不同的特质让两个年轻人都彼此好奇。小A的妈妈发觉女儿竟然和这样的男孩交往异常紧张,反复叮嘱女儿千万不能和这个男孩有任何纠葛,后来采取跟踪女儿,把女儿关在家里的方式阻止与小C的交往。没想到这样一来本来只想和小C泛泛交往的小A宣布“深深爱上了小C”。当周围所有人都表示不赞同不理解时小A豪迈地解释“因为爱情不需要理由,现在能理解彼此的只有我们两个”。后来小A不顾家人反对抱着宁愿和全世界决裂的决心与小C裸婚。两年后,这段婚姻宣告结束。

为什么小A的父母棒打鸳鸯不成?为什么小A当初下那

么大的决心？感情世界里有一个奇怪的现象：如果出现干扰恋爱双方关系的外在力量，恋爱双方情感反而加强，关系也更加牢固。这就是“罗密欧与朱丽叶效应”。在一定范围内，父母干涉程度与恋人的感情变化成正相关，父母干涉程度越高，情人之间相爱也越深。离婚后的小A说：“其实我并不爱他，我当时所谓的爱是被父母逼出来的。当爱情没有了对抗的敌人，回归到生活本身，爱情的本来面目显现了。”

认知心理学对此的解释是，当人们自愿选择某个对象时，为了“自我证明”，倾向于增加对这个对象的喜欢程度；而当选择是被迫时，会降低对所选择对象的好感。当小A面对家人压力让她放弃与小C交往时，她产生高度的抗拒心理，这种抗拒促使她作出相反的选择，并且人为地增加对自己所选对象的喜欢。

当然爱情是复杂的，对小A的案例可以有多种解释。精神分析的解释可能会从小A无意识的冲突和小A与母亲的关系方面入手。小A选择小C是不是无意识解决冲突的防御机制？选择小C是不是小A自身心理阴影的投射？考公务员面临崩溃的小A是不是用这种被动攻击的手段让父母为她崩溃，以发泄对父母的不满？这些都是可以深度挖掘和商讨的。

爱情，由于它涉及人的深度情感，于是成为人类社会永恒的话题。

情绪调节

你是否常听周围的人说：道理我都明白，可是我做不到。我知道我知道，但是我仍然难受。我知道不应该这么想，但是我控制不住。你自己是不是也有这样的体验？很多人很多时候都活在情绪的困扰中，活在内心的纠结中。

现代医学和健康心理学都强调，几乎一切疾病的发生和疗愈都与相应的情绪有关（见图 3–4）。“疾病是对心理消化不了的情绪的身体代替”。情绪甚至可以制造疾病。中医讲喜伤心，怒伤肝，悲伤肺，思伤脾，惊伤胆，忧伤肾，就是看到了情绪状态和生理状态之间的相互转化。

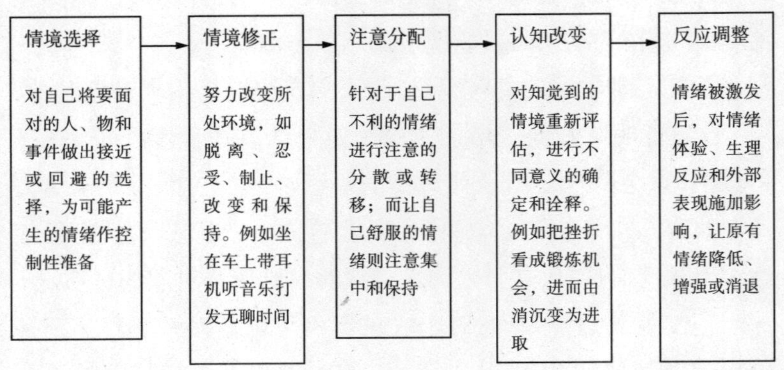

图 3–4　情绪调节过程模型

情绪调节策略

一、生理调节

通过身体的活动达到情绪的转移或者放松。例如参与体育活动，调动身体的兴奋度，在大汗淋漓中宣泄不良情绪，排解郁闷。再比如放松操，呼吸训练，有氧训练等，在改善体质的同时改善了心理状态，避免长期不良情绪反应带来的心因性疾病和器质性病变。时下兴起的瑜伽、冥想、静坐等锻炼方法，也具有身心调节的意义。

二、认知调节

通过认知可以激发或改变情绪,通过情绪也可以引发某种认知。受过感情伤害的女性很容易把这种伤害性的负面情绪转化为负面认知,对已知事件夸大化和泛化,被男人伤害的女人可能会说世上男人没有一个好东西。被女人甩过的男人会说女人都是水性杨花,甚至演化成对女人的轻蔑与憎恨。因此认知调节是最终产生哪种情绪的关键因素。例如在婴儿期母亲的离开会让孩子产生分离焦虑,如果让孩子明白并确信母亲不是抛弃他而是暂时离开,婴儿就能够克服这种负面情绪。

三、行为调节

产生情绪反应时,大脑会出现一个强烈的兴奋灶,生理能量也被调动和消耗。因此人在生气时会出现攻击行为,愉快时会出现友好行为。人类行为研究发现,单单是做出快乐或生气的动作与表情,也会引发相应的情绪体验。鉴于情绪与行为的联系,如果另建立一个或几个新的兴奋灶,便可以抵消原来情绪的影响。比如忘我地投入工作可以使人忘却烦恼,获得成就感;情绪低落痛苦时,参加体育活动把精力转移,情绪得到调节和宣泄。

四、言语调节

人其实是活在一套话语系统中,话语系统包括我们使用的词汇,表达的语态和言语的风格。这套话语系统决定了我们认识社会情境的思维模型。对已经发生的事情,尽管不能改变事实,但是可以改变叙事结构和叙事风格。把问题和自我分开,“直面惨淡的人生”,客观面对能接受或不能接受的现实,而不是把

问题内化成对自我的否定。几乎任何负面情绪的深层次都是对自我的愤怒与否定。例如失业的人可以说“我这个年龄还没找到工作，这是很糟糕的事情”。而不要说“连份工作都找不到，我真是太没用了！”两种不同表述的区别不仅是语言上的，实质上反映了对事件认知和归因的差异。前者是考虑到处境，会设法改善，心态较为平和；后者首先把处境定义为“糟糕”，然后归因为“自己没用”，这样就会产生抑郁、沮丧等情绪无法自拔。

五、人际调节

人际关系具有情感支持和分享的功能。判断一个人是否具有走出不良情绪的力量，内心是否足够强大，自我调节能力和应对变化的能力如何，其中一个很重要的指标是看他的“社会支持系统”。社会支持系统少而脆弱的，情绪交流机会少，获得外在疏通和支持的机会少，情绪调节少了重要渠道。几乎所有抑郁症患者都存在人际关系不良、孤独封闭的现象。当个体处于孤独、焦虑、烦恼等情绪状态时，主动向亲人或朋友诉说，参与社交活动，寻求归属感和认同感，在这种支持系统中个体很快找到转移点和突破口，具有情绪治疗的作用。

在情绪调节方面也存在明显的个体差异，这就是我们说的情商的差异。迈尔认为情绪调节能力的差异表现为四个方面：对情绪的知觉评价和表达能力；用情绪促进思维的能力；理解和分析情绪的能力；调节情绪以促进智力发展的能力。

第4章　人际关系

导　读

在我们的文化中,人际关系被视为一种社会资本,它在人应对灾难带来的身心健康的威胁时可起到缓冲作用。社会资本可以指将群体结合在一起的各种各样的联结,几乎不论何种情况,它都能给人一种归属感,使人感到一种支持、信任、共同的目标、社会网络以及群体的联系。社会资本由人与人之间积极联系的因素组成:信任、理解、共同的价值观、将群体及社会网络的成员结合起来的行为以及使合作活动成为可能的行为。

人际关系是一种人与人之间直接的情感性、心理性的联结。在我们重"人情"和"情面"的文化中,人际关系远远超出了普通社会关系和公共关系的范畴,被赋予更多的特殊含义。本章除了讨论人际关系的基本定义、类型和规律外,还将探讨中国文化背景下人际关系的特点。

人际关系概述

人际关系是指人与人之间在活动过程中直接的、心理上的关系或心理上的距离；也可以指人与人通过直接交往（包括沟通和其他各种形式的交流）过程发展起来的较为稳定的倾向性情感联系。

从上述定义可以发现人际关系有如下几个特点：

（1）人际关系是在人际交往过程或互动过程中建立的。这是获得人际关系最基本的前提，我们不可能和从没有见过面的人建立人际关系，即使是见过一次面的人，我们是进行了一定的互动，比如说微笑、点头等；和我们关系好的人，更不用说了，我们已进行了许许多多的人际交往过程，一起吃饭，一起活动，互送礼物……在人际关系的建立过程中，可以一次就建立成功，可能多次交往之后才建立起来。

（2）人际关系的程度可远可近，或者说可弱可强。在一个人的关系圈内，可以有见过一次面的人，可以是非常熟悉的熟人，更可以是自己的好朋友。这三种类型的人，人际关系程度是依次递增的，人际关系具有层次性，以自我为圆心，产生同心圆，根据人际关系的强弱，依次向外拓展，离我们越近，圆越小，关系越亲密；离我们越远，圆越大，关系相对疏远。

（3）人际关系中包含三种成分：认知成分、情感成分和行为成分。获得人际关系的过程也是认识一个人的过程。建立起对一个人基本认识形成综合印象之后，相继产生喜欢或者不喜欢的体验，情感因素可能最终决定是否继续建立人际关系。情感的倾向，决定了在人际关系中的行为倾向。人际关系中积极正向的情感体验会增加人际吸引力，行为上倾向于亲密、接近、协调；负面的情感体验会破坏或终止人际关系，产生排斥、对立、疏远等行为倾向。

一、人际关系类型

人际关系的分类方式多种多样，下面将主要介绍长期人际关系和短期人际关系、个人性与非个人性关系。

（一）根据相互作用时间的长短，人际关系可以分为长期人际关系和短期人际关系

长期人际关系通常都是与重要的社会角色关系相联系，是人们长期与其相处产生的情感关系，比如家庭关系、朋友关系、师生关系等。长期人际关系是与人们的社会关系相联系的，而且社会关系涉及的都是人们生活中的重要他人，对人们本身会产生持久而深远的影响。只要建立了这类关系，处在其中的人们就会经常性地交往，因此人们必然会察觉到这类关系，而且会很关注，越是关注，说明人际关系会对人产生的影响越大；人际关系对人的影响越大，人们的关注度越高，如此产生了无限循环。

短期人际关系则是偶然生活事件中人们发生交往所产生的人际关系，比如在你逛街的时候有人向你问路，这时你与问路人产生的就是短期人际关系。由于短期人际关系的偶然性，它对人产生的影响自然也就不大，这种人际关系往往只影响到具体、表面的行为，通常难以影响人们深层的态度与价值观。

（二）根据是否以情感为目标，可以把人际关系分为个人性关系与非个人性关系

个人性关系是以其个人情感目标为中心，非个人性关系是以个人情感之外的目标为中心。在我们的日常生活中，恋爱关系则是典型的以个人情感目标为中心的人际关系，生意场的合

作伙伴则是典型的以利益为中心的人际关系。这两类关系对我们的影响也不同。个人性的关系对人的态度和行为会产生影响，而且是在长期的交往过程中潜移默化实现的。非个人性关系对人们的影响则是间接性的，是通过交往目的是否达成来实现的。

二、人际关系的功能

（一）人际关系满足人的交往需要和亲和动机

正常人都有寻求和保持积极人际关系的愿望，愿意归属为某一群体，获得群体的认同与归属感；喜欢参与社会活动、与人交往，渴望得到别人的关注、友谊、合作和赞美。在一种亲和性的关系中，比如恋爱关系，能够满足人的多方需求：依恋感、可靠的同盟感、价值保证、社会整合以及得到真诚的意见、获得受教育和成长的机会。

（二）人际关系帮助人克服寂寞，消除孤独感

人是群体性动物，社会性存在。当脱离群体独自一人时，寂寞感给人带来不愉快和不安全的体验，于是人们通过参与群体和建立人际关系摆脱这些感觉。寂寞可分为情绪性寂寞和社会性寂寞。情绪性寂寞是指没有任何人可以依恋而产生的寂寞，比如大一新生在刚到学校的最初几周，不会像在家一样可以依靠父母和朋友，这时就很容易产生情绪性寂寞。社会性寂寞是指当个体缺乏社会整合感或缺乏由朋友或同事等所提供的团体归属感时所产生的寂寞。刚进入新单位上班，对工作环境和同事之间的人际环境还不熟，短时间内没法融入到集体之中，这时就会产生社会性寂寞。因此你会发现，大一新生喜欢找“谈得来”的同学做朋友；新员工喜欢找能够在工作上提供帮助的人做朋友。

当然，如果一个人仅仅为了消除孤独寂寞刻意迎合外界建

构人际关系，那么带来的副作用往往是忽略了内心的丰富性和个体独立思考的机会。

（三）人际关系给人带来直接的情感支持和社会支持

萧伯纳说："快乐有人分享会是双倍的快乐；痛苦有人分担会减轻一半的痛苦。"在人际关系中除了获得归属感、认同感和价值感外，还可以获得情感支持。人与人的互动交往中，通过倾诉、宣泄等释放了压力与情绪，同时也从对方身上获得安慰、理解、建议等情感支持。有时还会获得物质援助、时间陪伴、社会资源支持等实际的帮助。对人的抗挫力的研究发现，一个人在困境中的抗挫力，与人际关系好坏呈正相关。有外在支持的人，哪怕他人没有给予实际的帮助，但是良好的人际支持系统会增加当事人的内心力量，增强对挫折的耐受力，增强走出困境的积极心态和勇气。因此，人际关系状况与心理健康密切相关。可以说人际关系不良的人容易导致心理问题，有心理问题的人也会伴随出现人际关系不良，两者是互为因果的关系。

人际关系的重要性显而易见。人际交往可以满足人们的各种需求，还可以给人提供必要的社会支持，使人实现自己的人生意义和社会意义。

二、人际关系理论

（一）人际关系的三维理论

该理论认为人际关系在需要维度上包含包容的需要、支配的需要、情感的需要。在表现方式上有主动和被动两种形式。三个情感维度和两种行为倾向构成了人际关系的六种基本模式。如表4–1所示。

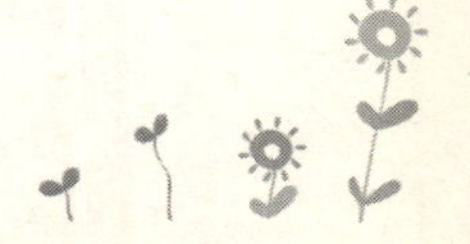

表 4–1　人际关系的六种模型

需要 \ 行为倾向	主动	被动
包容	主动与他人交往，积极参与社会生活	期待他人接纳自己，退缩、孤独
支配	喜欢控制他人，能运用权力	期待他人引导，愿意追随他人
情感	对他人喜爱、友善、同情、亲密	对他人显得冷淡、负性情绪较重，但期待他人对自己亲密

有一名大一新生，入学不久便要求退学，理由是宿舍的同学总是欺负他：其他同学一起行动，亲密无间，但是唯独排斥他；当他站在门口时别人会训斥他，甚至要他滚；有时还被要求给舍友打洗脚水……辅导员老师经过调查发现，这些情况都是属实的，其他同学也承认对他有“欺负”行为。但是，其他同学说：“老师，我们也很委屈，他那个样子，似乎总是在等着别人欺负他，给人的感觉似乎不对他做点什么就对不住他。”尽管这些同学的话语有自我辩解的成分，但是敏锐的辅导员发现这位受欺负的同学的确属于“被动攻击型”的人格特征。他内心里也渴望友谊，希望融入群体，但是他在处理人际关系时属于完全被动型。他希望“被包容”“被支配”。进宿舍前，他总是像一个受气的小媳妇一样战战兢兢地站在门口观看别人的眼色，而其他同学看到他一副受气包的样子感觉心里“添堵”，忍不住呵斥他几声，越呵斥他越不知所措，别人也就越厌烦，最后就会说“滚出去”，结果，他真的离开了。他为什么明明内心不满、委屈而行为上却如此

懦弱、服从？其实这是他的变相的攻击手段——被动攻击，他用完全弱者的姿态表达自己的愤怒。可以想象，他给同学打洗脚水的时候似乎在说：“看看吧，你们有多坏，像对待奴隶一样对待我。我就在你面前做个奴隶，让所有人都知道你把我欺负得这样惨。”所以他总是有意无意地给自己创设一种“受欺负”的情镜，总是激发起别人身上邪恶的一面对待他。

（二）社会交换论

社会交换论认为人际关系本质上就是关系双方的一种互换。朋友陪你逛街付出了半天的时间，你请对方吃饭表示感谢，类似常见的交往活动中都包含社会交换的意思。中国人讲究“礼尚往来”，西方人说“有好篱笆才有好邻居”，都是说人与人往来是相互的，而且要讲究公平互惠。人际交往行为都是围绕各自的利益展开，双方都在暗自衡量在人际关系中收益与代价之间的比例。如果出现其中一方付出多而回报少的情况，就会认为不公平，会主动退出或终止人际关系。因此最终双方收益和代价之间的比值接近一，即双方平衡，公平互惠。社会中普遍的人情往来、生意合作，乃至权钱交易，都是社会交换行为。

还有一些特殊的人际关系不能从社会交换角度解释。比如家庭关系，是一种不分彼此的共享关系。比如父母对子女的付出，是不图回报的。

三、人际关系发展过程

人与人之间的交往很复杂，但是我们依然可以从中找出一个规律，我们认为人际关系经历了如下的形成或者恶化的过程：

定向——情感探索——感情交流——稳定交往——漠视——冷漠——疏远——终止

定向阶段，交往双方对另一方表现出注意、好奇、希望了解、

初步沟通等心理活动。每个人对自己的交往对象都有选择性，只有遇到能激起我们兴趣的人，才会注意到他。注意是交往行为的开端。在初步的交往中，双方只是很表层的交流，如工作、职业等无关紧要的非个人性的话题。定向阶段的时间长度随情况的变化而发生变化，对于高山流水遇知音那种相见恨晚的人，在第一次见面时定向阶段就会完成；而对于自我防卫较强的、不信任他人的人，即使经常见面有较多的接触机会，也要经过长时间的沟通才能完成。

情感探索阶段，交往双方都在探索对方在哪些方面可以建立情感关系，开始可能只在一个方面，随着继续的深入沟通及了解，就会扩展到多方面，自我暴露的广度和深度也会随之增加，但是话题仍不会触及个人私密性领域。这个阶段和定向阶段的交往方式差不多，具有正式交往的特性，双方都注意自己的表现，希望给对方留下好印象。

感情交流阶段，双方之间的关系出现了实质性变化，进行到这一阶段，双方都觉得对方是可信可靠的，双方的人际关系正式确立起来。交往话题开始涉及个人私密性领域，双方都有较深的情感卷入，对对方有较强的依赖性和亲密感，一遇到生活中的烦恼和困难都会相互诉说。如果在此阶段中双方关系发生破裂，会给双方带来很大的压力及苦恼。

稳定交往阶段，双方的心理相容性上升，人们都已经允许对方进入到自己的私密性领域，相互之间的关心也更多，但是进入到这一领域的人不会很多，更多人停留在感情交流阶段，并在这个阶段简单重复。

在上述的四个阶段中，在任何一个阶段，交往双方可能就会因为各种各样的原因而中断交往，首先是漠视，再是冷漠，接着疏远对方，直至关系终止。这个过程可能时间很长，也可能很短。

关系终止的原因可能是时空的分离，比如说毕业时，原来相处很好的同学就会慢慢不联系了；也可能是朋友的新旧交替，到了一个新的地方，交到了新的朋友，在旧朋友身上花费的时间就会变少；还可能是交换——回报水平的变化，如果在交往过程觉得自己付出得多而收获得少，就会终止交往；还可能由于喜好标准的改变或者情感投入没得到满足，或者出现不能容忍的三方关系。

人际关系法则——吸引与排斥

简单说，人与人之间的情感联系无外乎倾向于相互吸引还是相互排斥。什么情况下吸引、什么情况下排斥呢？为什么甲与乙相互吸引而甲与丙相互排斥？无论是吸引还是排斥，其实遵循着某些共同的原则，受到某些因素的影响。

一、交互原则

每个人都希望获得别人的认可、接纳和喜欢。在社会交往中，人们很少真正关注他人，注意的焦点往往是自己，在意自己的表现是否恰当，是否引起对方的喜爱和肯定。这恰恰造成人际关系的种种困境。人们在关注自己的同时忽略了一个基本的人际关系法则——交互作用。人与人的互动是对等的、双向的。人际关系的基础是人与人之间的相互重视、相互支持。人们总是喜欢那些喜欢自己的人，讨厌那些讨厌自己的人。想在人际关系中得到赞美与肯定，首先用欣赏肯定的态度对待对方；想获得他人的情感支持和行为帮助，首先要帮助他人。总之，一个简单的道理，在人际关系中你希望别人怎样对待自己，自己就要怎样对待别人。

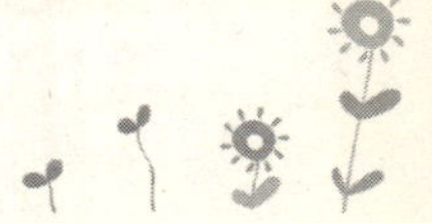

二、联结原则

人们喜欢与美好经验联结在一起的人，讨厌与不愉快经验联结在一起的人。比如人们喜欢和成功人士进行交往，而不喜欢和失败人士进行交往。一个人缘好的人必定是让人感到轻松愉快充满正能量的人。一个天天抱怨、愤慨的人，他的磁场中充满了负能量，最终不但不能取得别人的同情和理解，反而让人远离他抛弃他。一个人笑的时候，可能周围的人都跟着你笑；一个人哭的时候，不要指望所有人都陪着你哭。

三、自我价值保护原则

自我价值是指个人对自身价值的意识与评判，它涉及人的心理内核——自我意义。人们为了保持自我价值感，心理活动的各个方面都围绕一个主题展开，那就是保护积极的自我价值，防止自我价值遭到否定。试想，一个曾经非常成功的人遭遇了破产危机，他更喜欢向哪类人求助？是以前比自己强，一直帮助自己的人？还是以前自己曾经救助过的人？我们可能猜测救助过的人更容易在困难时伸出援手，但是作为自认为曾经比别人高高在上的人，他内心不愿意反过来向以前不如自己的人求助，原因就是为了保护已有的自我价值感。

四、人际吸引水平的增减原则

人们喜欢和对自己喜欢程度逐渐加深的人交往，讨厌先是对我们肯定进而又否定的人。这大概是因为和前者交往会给我们一种成功的感觉，和后者交往会给我们带来一种挫败感。一个人在遭到否定评价的情况下会产生焦虑和自我怀疑，从而使人们更需要肯定。因而当否定之后的肯定评价到来时，它比通常的肯定更有意义，更能增加人际吸引力。还有研究发现，对人的欣赏、赞美，如果中间有一个变化量，即不断增加赞美程度，不断增添新的角度，能够增加吸引力。很多夫妻婚后双方的关系不再如恋爱时亲密，原因之一就是婚后双方减少了彼此的赞美与欣赏，降低了人际吸引力。

五、相似律和互补律

到底什么样的人之间更容易彼此吸引呢？人际吸引遵循两个规律，相似率和互补率。大学校园里各种“老乡会”、各种协会、各种社团，都是基于成员的某方面共同特性组建的。观察你的朋友，都是在某个方面与自己有共同性的：共同的爱好，共同的个性，共同的价值观，共同的地域……还有例外情况，两个性格差别很大的人也会建立起良好的人际关系。这里的差异是有条件的，不是排斥性的格格不入的差异，而是互补性的差异。比如支配性强的人选择依赖性强的人做朋友，两人成为最佳搭档。相似律和互补律并不矛盾，都是在彼此身上找到了认同，满足了自己的需要。两个来自同一地域的人在彼此身上看到了共同熟悉的环境，共同的记忆，彼此的认可。主动型的人和被动型的人在彼此关系中分别满足了支配的需要和被支配的需要。

第5章　社会角色与社会身份

导　读

某女士，之前在一小区物业打扫卫生，每月工资2600元。当别人问及她的职业时，她总是有些底气不足地说："我就是个打扫卫生的"。后来有机会去一家私立幼儿园打工，照样是打扫卫生，给孩子们清洁房间、整理衣物，每月工资2300元。但是周围的朋友发现她变得衣着考究，精神焕发，问及她是做什么的，她会自豪地说："我在幼儿园上班"。

这位女士的变化主要在于她获得了一种社会身份感。

社会身份和社会角色两个概念是相联系的。社会身份的表现是获得了某种社会角色。可以借鉴角色理论理解社会身份。

正如莎士比亚在他的戏剧中说：

"世界是一个舞台，

所有的男人女人都是演员。

他们有各自的进口与出口，

一个人在一生中扮演多种角色。"

社会身份指的是人从属于某个群体，在群体中获得的身份感，可以理解为个体在社会群体中被赋予的身份以及该身份应发挥的功能。社会角色是在社会系统中与一定社会身份相关的符合社会要求的一套个人行为模式。

人所扮演的角色到底对人产生什么影响？难道一个角色真的就像演戏一样只是一种虚拟的表演吗？事实没有这么简单。先看一个著名的实验。

津巴多的监狱实验

20 世纪 70 年代津巴多招募志愿者参与为期两周的监狱生活实验。最后选取了心理非常正常、健康的 24 名美国大学生。接着，津巴多随机选取一半扮演监狱看守，另一半饰演囚犯。有趣的是，在随后的访谈中，大多数志愿者表示他们更想扮演囚犯，因为扮演囚犯可以体验不同的经历。随后“囚犯”们被告知，他们被剥夺公民权利，只能得到最低限度的饮食和医疗上的护理。而“看守”们被告知，所作所为尽可能贴近真实，但不能用暴力维持监狱秩序。

实验开始的第一天，除了双方都比较兴奋，一切很平静，大家相安无事。第二天，“囚犯”们开始不满，暴动随之产生，他们撕掉囚服上的编号，拒绝服从命令，并取消“看守”。津巴多要求看守们控制局面，他们照做了。看守采取的措施包括强迫囚犯做俯卧撑，脱光他们的衣服，拿走饭菜、枕头、毯子和床，让囚犯空手洗马桶，关禁闭。第三天，情况更加糟糕，不少“囚犯”要退出实验，但被拒绝了。随后的几天看守们更加肆无忌惮，对囚犯的虐待不断升级，最后局面完全失控，“囚犯”们纷纷心理崩溃。所有人似乎都忘记了这仅仅是在做实验。津巴多不得不在第六天提前终止实验。

更有意思的是，实验后对这24名志愿者做人格测试，结果出现了两极分化：扮演看守的学生人格呈现出暴躁、蛮横、专制等特征，有暴力倾向，攻击性强；而扮演囚犯的一组，人格也发生了改变，他们自我评价低，表现出恐惧、畏缩、压抑、仇恨、被动攻击等负面人格。

可见，人一生中的主要角色会内化为人格的一部分。用心观察社会中形形色色的人你会发现，单纯从人的言谈举止就可以判断这个人是从事什么职业，拥有怎样的社会身份和地位。做领导的人喜欢打官腔，气场十足；当老师的人行为保守，道德感强。

角色理论基本概念

角色理论借助戏剧比拟现实生活。具有社会身份的行为，如同戏剧中扮演一定角色的演员的行为。人作为社会结构中的一员，担负着各种各样的身份，每时每刻与周围环境和人群发生直接或间接的，真实或想象的联系，这就要求人们采用不同“面具”，扮演不同角色去应对。人的社会行为，是由社会环境、社会要求与规范、人们在各自地位上的角色表现，加上个人对角色的理解、个性和能力等主客观因素综合决定的。人生好比戏剧舞台，只不过“社会剧本”给人提供了更大的角色创造空间。“观众”就是那些与行为者发生关系的真实的或想象的人；人的行为也有强烈的“表演”色彩；生活赋予你什么角色，你就应该按照“剧本”“导演”和“观众”的期望与限制去表现，当然表演者可以对自己的角色加入个人理解和“自由发挥”。

我们通过了解几个基本概念进一步理解社会角色的不同侧面。

一、角色期望与角色规范

每个角色都代表着一系列相关的社会标准，即角色期望和角色规范：也就是人们希望承担该角色的人应该做什么和不应该做什么。

例如，《红楼梦》中的焦大，醉酒后破口大骂，读者能不能接受这个人物的这种行为呢？能。如果同样的行为发生在薛宝钗身上呢？读者会说不可能，这样的行为发生在贵族小姐身上是不可思议的，无法接受的。因为我们对人的行为评价不仅根据人物的性格特点，还有基于社会身份做出的对人物的角色期望，符合期望的被认为是正确的应该的，不符合期望的被认为是难以接受的。

二、角色认知与角色观念

笼统地说，角色认知与角色观念就是个体对自己所处的角色有没有清醒的认知，是否明确理解该角色的要求与内涵，能否树立起恰当的角色行为观念，能否意识到他人对自己的角色期望和社会文化中的角色规范，能不能承认、接受并扮演好自己的角色。角色观念实质上是一个人的自我概念的重要组成部分。

许多大学生初次踏入社会，担任新的角色，总会遇到困难或者无法适应，四处碰壁。究其原因多半因为涉世之初，尚处于角色的适应、接受和转变期，还没有形成清晰的角色认知和角色观念，不知什么该做什么不该做，不了解如何行为才是最符合自身角色和身份的。尺度掌握不好，就容易导致“角色越位”或者“角色缺失”。

三、角色僵化与角色偏离

显然角色僵化和角色偏离都属于非正常行为。

人是一个“角色丛”，每个人都身兼多重角色，有时需要同时担任两种以上角色，有时还需要在不同角色之间自由进退、自由切换。在外是职业角色，是员工或者管理者；在家是家庭角色，是丈夫或者父亲。如果有人无法在不同角色间有效转换，在任何场所都是一副面孔，只会一套固定的单一的行为模式，那就是角色僵化。角色僵化的人即使在外是一个好领导，在家也很难做一个好丈夫或好父亲。

角色偏离是人做出过度反常的行为，与角色规范和角色期望相差过大，偏离了该角色应有的行为模式。比如一个老师在课堂上不传授知识而是向学生推销商品，教师的角色却干了推销员的事情，这就是角色偏离。

四、角色冲突与角色协调

当两个或两个以上的角色对个体而言都很重要都想做好，但是又难以同时满足，难以协调的时候，就陷入角色冲突。角色冲突让人产生内心焦虑和心理失调。几乎每个都会遇到家庭与事业之间的冲突。一个男人当身处妻子与母亲的战争夹缝中时，作为儿子也同时作为丈夫的他，往往感到左右为难。

遇到角色冲突时，人们就采取一些策略，做出应对，选择取舍，尽量协调，避免角色冲突带来的焦虑和失调。

特别需要关注职业女性这一群体的角色冲突。职业女性同时承担两大角色：职场角色和性别角色（女人）。职场，是忽略性别的，职场文化倡导的是效率、竞争、理性、上进、敬业等相关的价值理念。而作为性别角色，我们的文化对女性的期望是：温柔、平和、回归家庭，照顾家人，有尽可能多的时间陪伴孩子。这是两套不同的难以调和的行为模式，在“双重标准”的压迫之下，职业女性陷入到了严重的角色冲突，也引发这一群体特殊的心理失衡。职场上的女性并非欠缺和男性一样的能力，但是往往最终的职业发展不如男性，就是由于在职业和性别、事业和家庭的冲突中消耗了大量能量。作为职业人，她无法心无牵绊地全力以赴；作为妻子或母亲的女人角色她又充满对家庭的内疚与自责。所以有人呼吁要关注职业女性的生存状态和心理健康。解决的根本出路在于打破对女性“双重标准”的要求，尽量使职业角色和性别角色的要求相统一。

性别角色及其文化意义

许多研究者认为，性别角色虽然是以生理上的差异为基础，但是，它在本质上是社会文化发展的产物，是个体社会化的内容和结果。

社会心理学家玛格丽特·米德曾于20世纪30年代对新几内亚三个部落的性别角色进行研究，发现其中两个部落几乎不存在性别角色差异。但是在另一个部落里，男人显示的行为是在其他社会里通常被认为是女性的行为：在这个部落里男性很敏感，有依赖性，懂得关心人，对手工艺感兴趣；而女性是独立的，有进取心，敢做决断。还有一个部落男女所显示的行为是：互相敌视，富有攻击性，很残忍。这个研究充分说明，不同文化对性别角色有不同要求，人们认为男人应该怎样，女人应该怎样，只不过是生活在这个时代、这个文化环境里的“人们”的特定想法，并不一定适合其他的时代和其他的文化。

性别角色不是性别本身固有的，而是社会文化的产物。性别角色是社会文化的折射。社会文化通过教育、宣传、观念以及对男孩和女孩的不同抚养方式，把对性别角色的要求自觉或不自觉地传递给了个体。

拓展阅读

女性成长与心理因素

以往对女性的研究往往把制约女性成长的因素归罪于社会制度的不公和价值观念的禁锢。女权主义运动，起码是20世纪80年代以前的女权运动，主要是对“男权社会”的反抗，争取社会地位、待遇以及法律上的“男女平等”。从这个角度看女权运动的确取得了成功。现在的问题是“形式上的平等”与“事实上的不平等”之间的矛盾。女性面临的课题从外部权益的争取转移到个人的发展与成长。这里所谓的“成长”，是指人格的发展过程，包括外在的成功，也包括自身的完善。随着法律权益的基本解决，我们应该更多地反观自身，多从女性内部因素的角度研究问题。暂且抛开社会制度的影响，女性自身的心理因素是否也制约了她的成长?

当男女二人面临同样的机遇，假设外界不存在性别歧视，他们的选择乃至最终发展是否相同? 即使作出了同样的选择，作为特定的社会角色，女性的心理历程要比男性更为艰难、复杂。可以说这些特定的心理历程就是制约女性成长的内在要素。现试从以下角度加以分析:

一、成功恐惧

在女性事迹报道中，在文学作品中，在现实生活中，我们经常看到这样的形象：某女博士学业的成功换来的却是“剩女”的尴尬境界；某“女强人”为了追求事业而放弃了普通女人的快乐；某一“铁碗女人”被众人讥讽为冷血动物、没女人味，甚至把她看成变态者。这些都有意无意地把女人追求成功与生活幸福、完满人格对立起来，在金字塔顶端的女人总是透着“高处不胜寒”的凄凉。一旦成功失去了自身的价值，一旦一个群体普遍怀疑成功的意义，这个群体身上就有明显的“成功恐惧”。渴望成功又害怕成功的矛盾心理使她们或徘徊或退缩，难以像男人那样轻装上阵。

美国心理学家霍纳介绍过一个主题统觉测验。被试是大学的男女学生，研究者向被试提出了一个事关大学男女学业成就的如下情境。

安妮（或约翰）是大学医学院的学生，在第一学期的期终考试后，安妮（或约翰）的成绩，高居全班第一名。请按照你个人直觉的想法，描述一个故事，用以说明安妮（或约翰）对自己获致成功后的心理感受，以及此后可能演变的情形。

研究者让男生写约翰，让女生写安妮。结果发现，女性被试对女性成就的看法，与男性被试对男性成就的看法大不相同。女性被试以消极的心态描写安妮的，有65%；而男性被试以积极心态描写约翰的，占90%。

一个有代表性的男性被试对约翰的描写是这样的：

约翰是一位有见识的大学生。平常读书用功认真，而且也很自信。约翰在中学时便以进大学医学院为理想目标，故而得到大学机会后一直发奋努力。他对自己得到全班第一，庆幸自己平时刻苦，总算获得了回报。不过，他在兴奋

骄傲之余，深知在医学院求学不易，个人必须更加用功，只有长期努力，才能达成目的。后来，约翰以全校第一名的成绩获得学位。

一位有代表性的女性被试是这样写的：

安妮在班上有位男友叫卡尔，他们之间的感情已相当深厚。自从得知考了第一名的消息后，安妮与卡尔两人都很不开心。安妮一直希望卡尔的成绩优于自己，但没有想到出了意外。因此，从第二学期起，安妮决定不再专心于自己的学业，改为帮助卡尔读书。此后在校期间，卡尔的学业大有进步，不久两人结婚，卡尔继续完成学业，而安妮则中途休学，专心操持家务。

甚至有人说，女人的抱负水平和发展潜力随着年龄的增长而降低。这难到就是女人的发展规律吗？女性对成功的恐惧到底是在恐惧什么呢？存在主义女性学家西蒙纳·德·波伏娃有过一段精彩的论述：

她即使选择了独立，也仍会在自己的生活中给男人和爱情腾出一块地方。她可能是在担心，如果完全献身于某项事业，她会错过自己的女人命运。这种感觉往往不被承认，但是确实存在。它削弱了已明确树立的目标，对它加以限制。在任何情况下，职业女性都希望能把职业成功和纯属女性的成就协调起来。男学者在按部就班地工作的同时，还以思想的自由驰骋为快，因此产生最佳的灵感。然而女人的遐想方向却完全不同：她要考虑个人的容貌，考虑男人和爱情；她将只给学习和职业留下最低限度的时间和精力，于是在这些领域里，任何事情都是不必要的，多余的。这并不是一个思想无法集中的问题，而宁可说是兴趣与家庭很难协调的问题。一切都在联合起来抑制她的个人野心，巨大的社会压力仍在强迫她通过婚姻谋求社会地位和庇护。当然，她也不想靠自己的努力，去创造她在世界上的地位，或者即使想，也是胆怯的。只要社会上还没有完全实现经济平等，只要社会习俗还在批准女人以妻子或主妇的身份从某些男人的特权那里获益，那么，她依赖男人的思想就会存在下去，就会阻止她取得自己的成就。

在波伏娃看来，女性恐惧的正是外在的成功妨碍她的“女人命运”。我们的社会对女性的成就定位有种价值的断裂，一方面是和男性一样的职业成功，另一方面是“纯属女性的成就”，比如保持年轻漂亮，拥有幸福的家庭，获得男人的喜爱与认可……而且两方面的追求很难协调起来甚至是对立的。只要“干得好不如嫁得好”的社会偏见还存在，就难保部分女性不会心理失衡，只要有单纯的事业成功换不回“幸福女人的理想”，甚至阻碍或错过“女人特定的命运”，女性的成就动机就会受到影响，对“成功”永远抱有一种若即若离的复杂感情。

二、自我关注

由于生理原因，女孩非常关注自己体内发生的一切，在她的心目中，从一开始就不如男性那么透明，更深地陷入了生命的朦胧神秘中。在我们的文化中对女性的评价衡量偏重相貌，对男性的评价则注重才能。“年轻漂亮”似乎是对女性的最高赞美。但是法国社会学家让·杜歇说，当男人赞颂女人是天使的时候，他已经将女人制服了。由于对自身的过分关注，女性不可避免地都有自恋倾向，她们花大量时间和精力用在仪表和家务上，要求时时被人关注。过分自我关注影响到她们的视野和活动范围，更注重身边小事，注重情感和人际关系。许多女性沉溺于小圈子中，满足于相夫教子，建构小家庭，家务劳动把她们禁锢在重复性与内在性之中。女人们聚在一起的话题多是服装、美容和家庭关系。女性的生活更多的是“内在性”的生活。如果我们说生活就是人格的表现，同时人格也在生活中形成、发展，那么女性的“内在性”生活影响了她的“向外扩张”，也使她的人格萎缩。

自我关注的一个明显表现是女性对年龄的敏感。女性身体的衰老更迅速，更明显，周期性的生理变化似乎时时在提醒她是“女人”，她很脆弱，她有很多麻烦。青春期后的女人无形中有种焦虑和压力，非常在意岁月留下的痕迹。

女性自我关注的同时又非常在意别人的评价，总是通过男人的眼光认识自己。我们文化中的女性之美实际上是以男人的评价为准绳的，如女性服装的变化恰恰反映了男性审美观的变化。女性必须通过与他人的联结找到自我，女人是关系的存在。女人的自我界限是模糊的，她对“关系”有不可或缺的需求，尤其需要在爱情、婚姻、子女等亲密关系中消融自我。一旦亲密关系破裂，带来的是对整个女性自我世界的倒塌，这就是为什么女人总是扮演情感世界的受伤者。“受伤”，是女性情感世界的一部分，真实的关系断裂了，会用“受伤”建立虚假的联结。极端人士会批评说：女人根本就没有自我，只有“我与他者”的关系。

从需要层次上看，基本需要满足后，女人“归属与爱的需要”更强烈，而男人则发展到“尊重需要”。根据马斯洛的解释：“处于归属与爱的需要层次的人，把友爱看得非常可贵，希望能拥有幸福美满的家庭，渴望得到一定社会团体的认同、接受，并与同事建立良好和谐的人际关系。”“处于尊重需要层次的人希望自己能胜任所担任的工作并有所成就和建树，希望得到他人和社会的高度评价，获得一定的名誉和成绩等。”归属与爱的需要决定了心理能量指向内的注重情感感受，注重身边的人际关系和家庭的和谐（家庭是归属感的最重要的象征）。许多女性往上攀登一段之后仍然退回到家庭。而男性的心理能量是指向外的，注重社会地位的提高，追求成就感，抱负水平更高，成就动机更强。有研究表明，当工作中遇到困难和压力时，男性的解决方案多侧重于寻求同事的帮助，从技术上加以提高以更好地胜任工作；而女性则寻求（同事以外的）社会支持，用人际交流的方式缓解工作压力。这正是男性重技术，强调个人努力，女性重关系，强调人际和谐的反映。当然，从心理健康角度讲，女性的处理方式更利于身心健康，躯体化症状明显低于男性。

三、性之臣服

“性之臣服”由克拉夫特·伊宾在1892年提出，指女人一旦与某一男性发生性关系，就会对这一男性产生依赖心理和保持“忠贞”的需要，自己感到“我属于他”。臣服心理达到极端的程度，会使人完全不能独立自主，甚至情愿为对方牺牲自己的最大利益。为了维护两性关系的持久与文明的婚姻制度，我们的制度与文化正在鼓励这种性的臣服态度。弗洛伊德也主张性的臣服是必要的。波伏娃把女性称为“第二性”。她说，女人是“他者”，男人在征服自然的同时征服女人。《圣经》中上帝造第一个女人夏娃时不是为了她自己，而是为了给亚当做伙伴。

性的臣服导致人格的自卑与臣服。多少女人心甘情愿做“第二性”，受男人的礼让与保护，把自己定位于“弱女子”角色。《红楼梦》中周瑞家的对王熙凤说：“这样大门头儿，除了奶奶这样心计当家罢了。别说是女人，就是三头六臂的男人，还撑不住呢。”女人在弱势与索取的角色定位中获得了表面的最小代价与最大收益，把天下和自我同时拱手让给男人，从而卸掉了负担，避免了凶险，也退化了成长的动力。进化论认为，女性在两性关系中的被动与服从，导致了女性身体向柔弱的方向发展。

女人往往通过顺从性爱来实现幸福，女人的命运就是男人。所有女孩都或多或少有“灰姑娘情结”，梦想从“白马王子”那里得到幸运与幸福。“干得好不如嫁得好”是女孩的幸运还是悲哀？有多少女孩能从“白马王子”的梦幻中走出来，靠个人奋斗去赢得世界？当她看到其他同性通过男人赢得了世界与幸福，她的个人奋斗显得多么苍白无力甚至滑稽可笑！她还能保持心理平衡吗？还能坚持做“独立女性吗？

四、文化的负累

女性比男性身上有更多的文化禁忌与压抑，经过长期的文化沉积，它已经内化为女性的集体无意识，这是女性成长的最大负累。我们看到越是在文化悠久的国家(如中国)妇女的解放越困难。直到现在人们仍倾向于把成功的女性看成女人中的另类——她不能代表正统的女性角色；大部分丈夫不能接受妻子的社会地位高于自己。

在 2001 年第 1 期的《心理与健康》杂志上刊登了一封

读者来信，全文如下：

编辑同志：

我一直在某研究所从事科研工作，我妻子原来在一家工厂的科室工作。自结婚以来，我们的家庭生活一直过得平平稳稳。但是妻子去年承包了一个分厂，眼看着她的收入一下子比我高出了一大截，我心里很不平衡。另外她的经济地位一高，再加上外面的应酬多，我担心会不会发生感情变故？

女人的身体是障碍和禁锢，处在它所特有的东西的重压之下。女人身上有太多的"不该"和"不许"：不该太主动，不许太张扬……当女人抛开"不该"和"不许"，抛开性别定位，按本性生活时，她其实是与整个文化相抗争。挣脱文化的樊笼远比打破不公平的制度要艰难。女孩从小受到灌输，要完成女性的使命，我们的教育一直不断地强化女孩的"女性气质"。当男孩子爬树时，她只能在下面仰视。阿德勒指出，正是这样，女孩从很小就形成了自卑心理。"在女孩子们身上，旺盛的生命力受到压抑，无所事事的活动变成了神经质，她们的过于娇气的工作无法耗尽她们过于旺盛的精力。"

五、问题与出路

女人不是"生成"的，而是"形成"的。女权主义者说，女性的历史是不平等和从属的历史。我们所关心的是不平等和从属的历史是怎样在妇女的认知和情感能力上，甚至在她们的身体体能上留下痕迹的。这个痕迹不仅强加在妇女的个人发展上，而且还强加在人类的整个进化过程上。因为妇女长期被孤立、排斥在公共领域之外，她们很可能成为一支保守力量，会无意识地保持现状，维持传统观念。智力上受压抑的女性很可能把自恋倾向与统治欲强加到孩子身上，通过对孩子的过高期望弥补自己的失意，这样会造成神经质的后代。所以解决女性的问题也是解决人类的问题。传统的最坚决的捍卫者往往是年长的女人，是母亲们极力培养女儿的女性气质，限制女儿成为独立的人或社会性成人。巴金作品《家》中的姨太太本身是封建礼教的牺牲品，但她反过来又成了吃人的礼教的帮凶，正是她逼着瑞珏出去生产，害死了一个无辜善良的人。所以女性解放的最大障碍还是女性自身。

恩格斯说："妇女的解放，只有妇女可以大量地、社会规模地参加生产，而家务劳动只占她们极少的工夫的时候，才有可能。"从目前的社会发展来说，外界的社会地位与保障已基本解决，越来越多的妇女走出家庭走向社会，知识女性、职业女性已不是少数。女性的走向应该由外界的斗争转向自身的发展，所以我们要反观自身，冲破"女性气质"的禁区，做真正独立的女性，真正的社会性成人，真正的天真本性的人。真正的妇女解放，不仅要打破外在的枷锁，还要废除自身的禁忌，从内心获得解放。我们没必要采用过激的方式，但我们也同样没必要在赴宴之前大吃一顿，在晚宴上拒绝所有的美味佳肴。女性应是不断成长的人，而不是按固定的"女性气质"活着的生物。不管是独立的女人还是社会性成人，都要求我们参与到社会领域和公共领域。参与不仅能保持既定的世界，还能冲出既定世界的疆界，为新的未来奠定基础。在父权社会，有些女性内化和合理化了父权下对妇女的价值标准，继而不自觉地用这些标准压迫下一代，成为延续两性不平等的帮凶。有些女性为了挣脱家庭的枷锁，拼命在男性的事业圈中占有一席之地，甚至效仿身边的男性一样去压制身旁的女性，延续男性世界的不合理。

对女人的批评不能先给她剪断翅膀又叹息她不会飞翔。当然人类有意识，能对自己的存在状态进行反思，于是有了女权运动，有了妇女解放，有了娜拉走出家庭。鲁迅先生写过一篇《娜拉走后怎么办》的文章，对娜拉的命运深表担忧，大意是没有经济来源的担保，娜拉无法独立地活下去。我们所关心的是，假如娜拉有了生存保障，成了职业女性，甚至成了"女强人"，那她最终心归何处？

有人说，女权主义者夸大了职业女性取得的成果，对她们的心理紊乱视而不见，反女权主义者认为今天解放型的女人对世界没有任何建树而且难以达到自己的心理平衡。是的，所谓成功女性也许比家庭主妇有更多的心理失衡。波伏娃也指出：只有到女人在地球上开始感觉自如时，罗莎·卢森堡和居里夫人式的人物才会出现。她们雄辩地证明，并非是女人的劣等性造成了她们在历史上的无足轻重的地位，倒是她们在历史上的无足轻重的地位造成了她们注定是劣等的。人类应该对女性的存在状态进行反思：女人没有固定的"女人命运"，也没有生来的"女性气质"。人格不是一个固定模式而是一个流动变化的不断成长的发展过程。女性的自我成长，首先来源于内在的"自我觉知"，认清自身所处的真实状态及内在的牵绊与制约，进而在"自知"中扩大意识的疆界，争取内心的"自如"与"自由"。

第6章　社会影响

导　读

图 6-1

一个貌似乞讨者的艺人在拉小提琴。其实,他是小提琴王子约夏·贝尔

同一个人，做同样的事情，放在不同的社会情境中，效果有何不同？一个提琴王子和一个街头艺人的区别在哪儿？

2007年一个寒冷的上午，在华盛顿一个地铁站里，一位男子用一把小提琴演奏了6首巴赫的作品，共45分钟。

他前面地上，放着一顶口朝上的帽子。没有人知道，这位街头卖艺的人，是约夏·贝尔，世界上最伟大的音乐家之一。他演奏的是世界上最复杂的作品，用的是一把价值350万美元的小提琴。

在约夏·贝尔演奏的45分钟里，大约有2000人从这个地铁站口经过。演奏开始3分钟后，一位显然是有音乐修养的中年男子，放慢了脚步，停下几秒钟听了一下，然后急匆匆继续赶路。

大约4分钟后，约夏·贝尔收到了他的第一美元。一位女士把钱丢到帽子里，没有停留，继续往前走。

6分钟时，一位小伙子倚靠在墙上听他演奏，然后看看手表，离开了。

10分钟时，一位3岁的小男孩停下来，但他妈妈使劲拉扯着他匆匆忙忙地离去，小孩子只有不停地回头看。其他几个小孩也是如此，他们的父母都是硬拉着孩子快离开。

45分钟内，只有6个人停下来听了一会。大约20人给了钱就继续走路。

约夏·贝尔共收到了32美元。

要知道，两天前，约夏·贝尔在波士顿一家剧院演出，所有门票卖完，坐在剧院里聆听他演奏巴赫的作品，平均每人要花费200美元。

其实，约夏·贝尔的演奏，是《华盛顿邮报》主办的社会实验的一部分。实验结束后，《华盛顿邮报》提出了几个问题：同

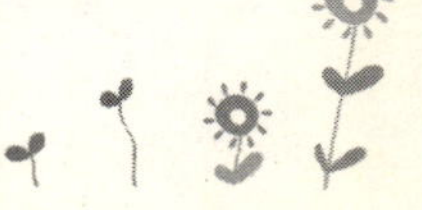

样的演出在大剧院和地铁站为什么差别这么大？我们会在意想不到的情况下认可天才吗？行色匆匆的人们有多少行为受情境的左右？人们到底错过了多少真正的好东西？

这个实验不得不让我们重视社会情境对个体的影响。社会影响来源可以是笼统的情境，比如提琴演奏是在大剧院还是在地铁站；也可以是人对人的影响，比如完成一项任务时有没有旁观者；还可以是人对人直接的影响，比如我们试图劝导、命令、暗示、感染别人。

社会影响无处不在。你以为你的行为完全由自己决定吗？你以为人真的能做到随心所欲吗？脱离社会情境的“狼孩”“猪孩”，算得上完整意义上的人吗？

人首先是情境性的存在。人的行为本质上都是对特定情境的反应。社会心理学关心社会情境对人的心理和行为的影响，即社会影响。只要身处其中，谁也逃脱不了或隐性或显性的社会影响，当然面对社会影响，人与人的反应具有个体差异性，但仍然遵循一些共同规律。

从　众

去商店买东西，在琳琅满目的商品面前，当你无从选择的时候，该怎么办？通常人们认为最安全、最有效的做法是多数人说哪种品牌好就选哪个。甚至本不打算买的某些商品，看到很多人都在抢购，于是也走过去买了一些。

类似的现象时常发生，这是从众心理使然，人的观念和行为由于群体直接和间接的引导或压力而与多数人保持一致的方向。俗语说“随大流”“人云亦云”就是从众现象的生动刻画。做出从众行为似乎是自愿的，起码表面上没有人强迫我们，但在群体中会受到群体压力、群体氛围和相互参照因素的影响，消减这些压力的最安全的做法就是保持与多数人的一致。所以从众行为往往是受到社会影响后做出的适应性的反应。当个体行为与群体情景相碰撞时，个体在日常生活中调节自我反应，适应社会环境。

人为什么要从众？不外乎四种需求和原因：(1)与大家保持一致，以完成团体目标；(2)为获得团体其他成员的好感；(3)维持良好的人际关系；(4)不愿与众不同而感到与群体不同意见的压力。

于是人的从众行为可以达到以下功能。

1. 获得自己的行为参照

个体总是相信“多数人”的力量，做出与他人共同的选择，对其信任度和由此带来的安全感会大大增加：这么多人都这么做，肯定有道理，即使错了也不是我一个人，有这么多人陪着。越是身处难以判断的情景中，人们越倾向于参考他人或多数人的做法。去陌生地方找餐馆吃饭，哪儿人多哪儿生意火爆去哪儿。

2. 克服偏离恐惧

在群体中，单独的个体或少数人如果与多数人或者与群体意见不一致，往往会受到多数人的偏见、议论、排斥、孤立、打击等。即使没有这些，单单是偏离群体这种感觉本身，就会给人带来恐惧感和焦虑感。于是很多时候个体宁愿牺牲个人独立见解，做出从众行为。从文化特征上说，东方文化对偏离恐惧更敏感，更倾向于鼓励人们的从众行为。“枪打出头鸟”是告诫人们不要偏离的古训。当然这种过度从众乃至圆滑的文化也造成了国民性格中的某些劣根性，比如不善于表达真实观点，压制人的独立思考等。

3. 具有人际适应功能

建立和维持良好的人际关系是人的不可或缺的需要。而从众往往能够获得他人的认可，得到群体的接纳，避免与他人不一致带来的冲突与麻烦。“随大流”，“做好好先生”，都是为了适应人际环境的权宜之计。研究表明，个体对所处群体越重视，越容易从众；在群体中地位低的人比地位高的人更容易从众。

依从

有朋友想借你的车用一星期。你觉得半天还可以，一周时间太长，这要求太高了，你可能会拒绝。然后朋友又说家里来了亲戚住不下，想在你家住一星期，你更无法接受，说“对不起，我家也要来亲戚，住不下。”这时朋友再转回来说：“那帮我个小忙吧，把你的车借给我开一星期，我到别人家住。”你同意了，最终把车借给了他。

也许你的爱车被人开走后你才明白，聪明的朋友原来使用了依从诱导策略！

依从与服从不同，服从是在权威的直接命令或强制之下，被迫作出的选择。而依从是出于他人期望压力而接受他人的请求，做出与他人期望相一致的行为。

市场推广和营销人员很善于发掘和利用人的依从心理，同时也采取许多技术性的依从诱导策略。上述事例中的做法叫做“留面子效应”。其实是利用了人的“互惠让步”等心理机制：一开始提出被拒绝的要求，接着退回到一个更温和的要求（这个要求才是真正目的）。通过从极端要求到温和请求的过度，可以激发出互惠的让步，转移到接受较小的要求。之所以最终还是把爱车借给了朋友，一是你可能害怕再次拒绝朋友会失去朋友间的友谊，在这种“潜在损失危机”面前宁愿让步；二是我们的文化中具有一个普遍性的社会规范，就是互惠“谁都有用得着谁的时候”。另外，你们的关系越好，你就越容易依从，出于对对方的熟悉与喜爱不能拒绝。人们经常戏称的商业中的“杀熟”，是不是也利用了这种熟悉和喜爱带来的效应呢？

其他的依从诱导策略还有“过度理由效应”“最低要求启动效应”等。聪明的营销人员总是多种策略同时运用。研究发现，当募捐人抱着募捐箱接近行人并说：“我们在为某某募捐”时，平均捐款人数大约占29%，人均捐7元左右。当募捐者加上一句“哪怕捐一分钱也是爱心的接力”，捐款人数上升了50%，人均捐款10元。这就是最低要求启动策略，一旦人的最低要求被启动，就会陆续答应更多的或更高的要求。还有研究发现，如果只是简单提出要求，比如你想插队，与前面的人商量，恐怕多数遭到拒绝。但是如果你说：“对不起，我可以先办这项业务吗？只需要2分钟，我有急事”，这时候成功的可能性就提升很多。而且理由越具体越充分，对方满足要求的可能性就越大，因为人们在决定是否依从时需要理由的补充和解释，这就是“过度理由效应”。

服　从

1960年，德国负责屠杀犹太人行动——被称为“死刑执行者”的纳粹头子阿道夫·艾希曼被抓回耶路撒冷审判并被判处死刑。人们想象中这个纳粹头子肯定是十恶不赦，面目狰狞，但是有记者发现，这些恶棍，如果你不知道他们的所作所为，看上去与普通人无异。艾希曼在辩护词中说：“我只是服从命令而已。”这种心态让心理学家感到疑惑：那些刽子手是本性凶残冷漠呢，还是仅仅为了服从命令？如果换做别人在命令之下，也会

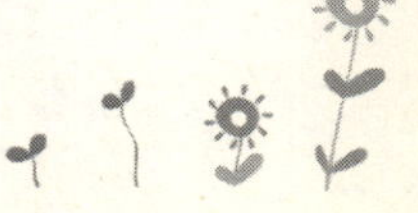

这样做吗？服从意味着什么？人们都具有服从的天性吗？什么情境下更容易服从？哪些人会拒绝服从？

下面几个经典的服从实验例子或许能说明问题。

米尔·格拉姆的服从实验

耶鲁大学的米尔·格拉姆以每小时4美元的报酬找了40名参与者，他们在实验中担任教师的角色。要求“教师们”在“学生”答错的情况下摁下电钮对学生电击，错的越多电击量越大。当然，学生是假扮的，也不会真的受到电击，只是在老师摁下电钮时发出痛苦的声音。学生多犯一个错误电击量就增加15伏，直至450伏。150伏以上的电击量就意味着很强烈，受电击的人非常痛苦甚至有生命危险。

在这个过程中参与者被要求不停实施电击并加大电击量，如果参与者拒绝电击，研究者就不断鼓励或命令他：请继续下去，没事的；按我说的做；你没有选择，必须继续下去。

在这种情况下，40名参与者中有26名一直加大到了最高量。

后人也模仿过类似实验，对小狗电击。眼睁睁地看着可爱的小狗惨叫，竟有50%的人完成了实验。出人意料的是参与实验的女性100%服从命令对小狗电击！对这个结果，人们更愿意相信女性更有服从倾向而非冷酷。

这项著名的实验向人们揭示了人类心理中容易服从的阴暗面。在实验过程中，很多被试认为自己既然接受了报酬，就应该听从实验人员的命令并去执行。当电击达到一定程度时，被试会担心隔壁的人的生命安全，也会考虑这种行为的后果，他们会问实验员谁来承担这次实验的后果，而实验员果断告诉他们：“我承担一切后果，你不用担心。”这样一来被试就不断加大电击量。

当然，也有人反抗，但是得到实验人员更严厉的命令后，依然还是选择了执行电击。在这个过程中，被试会渐渐地对隔壁痛苦的声音感到麻木。甚至当电击达到225伏特时，他们还会想要不要继续增加到250伏，再提高一点也没事。

这项实验的实施时间，正是阿道夫·艾希曼被执行死刑一年后。米尔·格拉姆想要表明，像阿道夫·艾希曼这样的纳粹分子之所以屠杀犹太人，可能并不是因为本性的残忍，而只是单纯服从上级的命令（当然，这并不能成为刽子手逃脱罪名的借口）米尔·格拉姆得出结论，即使有道德有良知有个人判断力的成年人，也会对权力者下达的命令尽可能地去服从和执行，尽管也会面临道德的谴责和情感的压力。在命令的压力下，有人真服从——从心理上认可情感上接受并行为上执行；还有人半服从或假服从——行为上执行但内心不认可。

米尔·格拉姆还根据这次实验拍成了纪录片《服从》。该片引起了强烈反响，人们不禁要问：是不是每个人在特定情景下都可能成为纳粹？另外，现代社会在体制设计上，一项任务从计划到下达命令再到最终执行，你会发现这个链条的不同环节是由不同人完成的。下达屠杀命令的决策层会说“我只是传达了计划和命令，并没有直接杀人”；而执行屠杀的士兵会说“我不得不听从命令”。双方都减轻了责任，消除了罪恶感。这种决策与执行的分裂是不是更容易让人在“服从”的幌子下更加麻木和冷酷呢？在战争期间或非常事件中，此类盲目效忠，无条件服从命令，以致丧失人性和理智的情况屡见不鲜。

偏离和独立

从众——依从——服从，都是个体受他人或群体影响做出的迎合性、适应性的行为，所受的压力程度依次递增。但是总有人“冒天下之大不韪”，克服从众，拒绝依从，绝不服从，尽量摆脱社会影响。这些反向行为我们称为偏离和独立。历史上许多伟人，那些走在时代前列的人，那些引领新思想新潮流的人，那些带领社会变革的人，都是特立独行的。也有很多人为自己的偏离付出了代价。比如伽利略提出“日心说”而受到迫害；爱因斯坦穿睡衣游荡在大街上曾受到人们的嘲笑；尼采提出了多数人不接受的哲学观点而被送往精神病院。从某种程度上说，如果没有偏离和独立的人，就没有变革和进步。社会上的暴力犯罪也属于偏离正常行为的范畴，但是犯罪分子仍然我行我素，这是值得研究的课题。

如果说偏离和独立是基于人的逆反心理，好比青春期的孩子用与父母要求相反的方式证明自己长大了。从逆反心理解释人有意识地偏离，保持个人独立，有道理但是不足以说明全部。那些坚持真理不愿随声附和的人，未必是出于对群体的逆反，或许是对自己见解的自信和对真理的执着。是否有勇气、有能力做出独立的判断和抉择，说到底与人的个性特质有关。这些人格因素包括个体的自信心、自尊心、表现欲、独立性、抗打击性以及群体其他成员对其认可度等。

社会促进与社会懈怠

一个多世纪前，心理学家特里·普利特召集了40名小孩，把他们分为两人一组和单人一组，要求各自完成在卷轴上画线的任务。结果发现，两人一组的小孩速度比单人一组的速度明显快得多。这种个体的任务绩效因他人在场而有所提高的现象叫社会促进。

社会促进的实质是反映了他人在不在场对个体活动的影响。很多时候他人在场能够把活动者激活，激发出优势反应，因而提高活动速度和质量。比如参加运动会短跑项目，现场的热烈气愤，啦啦队的呐喊声，队友的鼓励，都会让运动员跑出更好的成绩。在体育赛事中经常提到“主场优势”，其实就是社会促进效应。

然而他人在场起到的作用并不全是促进，有时他人在场反而是一种干扰和责任的分散，俗语说“三个和尚没水喝”，就是这个道理。这叫做社会懈怠。据报道，有人落水时围观的人越多，有可能越没人施救。因为每个人都觉得他人同样有义务，都在等待别人的反应。还有时候我们完成某项难度较大的工作，或者需要深度思考的工作，比如写一篇研究报告，他人在场反而是一种干扰。

如何把他人在场效应发挥出积极作用，是很多管理者考虑的问题。许多公司喜欢用公开性的集体办公室，员工之间用透明隔板相对隔离。这种做法可以最大限度地体现群体的感觉，让员工随时有“别人在看着我，我要好好干”的想法，以此激励员工提高工作效率。

暗　示

赵本山的系列作品《卖拐》《卖车》堪称经典，每次让人在忍俊不禁的同时还会有所启发。一个好好的人怎么被忽悠瘸了？

出了几个脑筋急转弯就坐上轮椅了？“大忽悠”的招数主要利用了心理暗示法。你也可以设计一个恶作剧验证一下暗示的力量有多强大：找两三个朋友串通好，选择一个倒霉蛋。在非正式场合遇到他，假装无意又惊讶地说：“呀！你怎么脸色不好，不舒服吗？”对方可能莫名其妙：“没有啊”。第二个人再遇到他，同样问类似的话：“你是不是病了？怎么脸色这么难看呢？”这时恐怕那个倒霉的家伙要心里打鼓，赶紧去照镜子，一边观察自己一边发现确实有些不对劲。第三个继续问他是否不舒服，他会说：“是的，你是不是也看我脸色不好？我看到自己脸色发黄，可能是我这几天没睡好。”第四个、第五个……不用太多，一般人都可能被忽悠病了，他会顺着别人暗示给自己的信息去寻找自己的不舒服，而且他真的感觉到某些症状。或许，第五次他就要去看医生了，向医生诉说他最近睡不好，脸色难看，感觉头晕……

暗示就是用间接、含蓄的方式，对别人的行为和思想产生影响，受暗示者在无对抗条件下，对某种信息不加批判地迅速接受，并以此做出相应的行为反应。暗示的结果使别人不自觉地按照一定的方式行为，或者不加抵制地接受某种观念和建议。暗示效果有积极暗示和消极暗示。有经验的医生都懂得“安慰剂”效应，就是给病人积极的暗示，起到意想不到的良好效果。根据暗示的来源也可分为他人暗示和自我暗示。

一位电工，工作时总是担心自己会触电身亡，尽管各种保险设施完备，但他还是处于惶惶不安中。有一次修电时无意中触碰到一根电线，他立即倒地并表现出触电症状：肌肉颤动，皮肤发红，最后死亡，与触电死亡相似。但是经过检查，那根电线实际上是一根废弃的电线，根本不带电，他的死亡纯粹是由于消极的自我暗示。

看似神秘的催眠术，人之所以被催眠，就是利用人的受暗示性。有近三分之一的人可以达到深度催眠状态,说明这些人受暗示性极强;还有三分之一的人受暗示性一般水平,只能浅度催眠;另三分之一的人无法催眠,说明这些人的受暗示性弱而反暗示性强。

积极心理学倡导人们要有意识地多给自己积极暗示,要和"能量高""格局大"的人多交流以获取他人的积极暗示。这些做法和建议都是试图提升内心积极因素和正面能量,不但对维持人的心理健康有益,同时也可以激发人的动力资源,调整内心感受,更容易获得成功。

模　仿

模仿既是一种行为方式,也是一种学习机制。人类的很多知识和行为都是通过模仿获得的,儿童的多数行为是一个模仿的过程,班杜拉叫做观察学习。模仿是熟练、习惯与学习的基本方式之一。儿童最初的知识经验往往从模仿中获得,从简单模仿到复杂模仿再到自我创造。

模仿过程中,模仿者一般是主动的,有意识的,自觉的,不受外界他人的直接控制。而被模仿者一般是无意识的。特殊情况下会做出某些行为有意识引导别人模仿,比如父母在孩子面前表现出遵守规则的行为有意让孩子观察学习,起到很好的教育效果。模仿一般遵循自上而下的模仿律,即地位低的人去模仿地位高的人,没有影响力的人去模仿权威人物;百姓去模仿公众人物。

不仅儿童的学习通过模仿,成人也有意无意地模仿。看到喜爱的明星或公众人物的衣着打扮,言行举止,忍不住要效仿,穿同样款式的服装,模仿同样可爱的表情。"明星模仿秀"是成

功的模仿；东施效颦是失败的模仿。看了《少林寺》，很多人都模仿和尚的武打动作；以小燕子般的耍帅卖萌为荣——《还珠格格》的热播曾引发众多女孩纷纷效仿小燕子。模仿只能模仿他人的外显行为，而不能模仿内隐心理，所以模仿不好也会不伦不类，东施效颦。

感　染

社会影响不仅体现在对人的行为层面和认知层面的影响，还有对情绪的影响，通过情绪传递渠道，引起他人情绪的共鸣，促成相同的情绪和行为，叫做感染。很多行为都是通过情绪的感染促成的，感染引起人的思想共鸣，情绪的一致和相应的行为。

参与到游行队伍中，每个人都会变得情绪激动，群情激昂；听一个动人的故事，忍不住被感动得热泪盈眶；参加朋友的婚礼也会被喜庆的气氛感染，每个人脸上露出笑容。甚至人还会被天气感染：天气阴沉让人感觉郁闷；被美景感染，看到大好河山吟诵“飞流直下三千尺”的诗句；被文字感染：读文学作品，随着主人公的情绪变化而变化；被他人的情绪感染：听课时如果周围全是哈欠连天的人，你也会无精打采。

第7章　集群行为

导　读

图 7-1　波士顿爆炸事件现场

美国当地时间(2013 年 4 月 15 日)下午 3 时许,波士顿马拉松比赛终点线附近接连发出两声巨响。美国有线电视新闻网

(CNN)等电视媒体的画面显示,终点线附近街道弥漫白色浓烟,警察在现场展开搜查和救助工作,急救人员也在现场救治伤者,并用担架护送部分伤者前往附近临时医护帐篷和医院。……一些目击者向美国媒体描述现场情况时说,爆炸巨响过后,浓烟袭来,现场的人们非常震惊和恐惧,大声尖叫,互相推搡,争相逃离现场,还有人痛哭不已。也有目击者称在现场看到有人的肢体被炸伤。……另据美国媒体报道,执法人员还在事发现场附近发现另外两件爆炸装置,并正在排爆之中。……为应对这起突发事件,波士顿警方已宣布在事发地区上空实施禁飞。同处东北部地区的大都会纽约和首都华盛顿,警方也均已加强警戒。

试想以下各种情境:

几百人的影院里人们正在投入地观看影片,突然有人大喊:"着火了——"。这时,你,还有周围的人,会怎么做?你会很镇定地问一句"到底发生了什么?"还是排着队如同往常电影散场一样往外走?还是其他情况?

拍卖行里人们为了一件传说中的宝物疯狂叫喊、竞价。

世界杯现场,球迷们尖叫,呐喊,疯狂,醉酒,甚至群殴。兴奋一直持续到比赛结束。

游行的人群激昂地喊着口号,冲向他们假想中的敌人。抵制外国货的民众却砸毁了自己国人的私家车……

电影《泰坦尼克号》里面游轮沉没时那幅场景还记得吗?你能理解那些人的行为吗?所有人,抛开道德层面的对错去理解人的各种求生表现。

以上场景似曾相识吗?是的,这些行为不常发生,或者我们不想发生,但它总会出现。通常,人的行为是受到社会规范制约的,合乎理性的,每个人很清楚自己在做什么、应该做什么,每个人对自己的行为有基本的约束和自控。比如排队购物，我们按部就班地工作，我们日常的聚会。这些都是我们认为理所当然的正常的社会活动，所以叫做日常行为。然而很多时候，尤其是当人群聚集在一起的时候（有时数量本身就是问题），或者人群中有了某种普遍的情绪与观念的时候，人的行为会冲破日常规范的约束，抛开道德法律和理性，出现不受通常的行为规范所指导的、自发的、无组织的、无结构的，同时也是难以预测的群体行为方式。我们称为集群行为。

当我们论及集群行为时，就像将手伸向一只鼓鼓囊囊的"摸彩袋"。这只袋子里盛放着各种从表面上看来不但毫不相关甚至大相庭径的现象：从暴乱、骚动、恐慌、狂热、时尚、流言、谣言直至各种社会运动。集群行为"包括人们成群向银行去挤兑；剧场里火警之声大作，观众仓惶逃脱；在一部分人中兴起的某种一时的爱好；群体发财之梦（当年美国很多人变卖家产去探险就为了寻找传说中的宝藏）；充满愤怒且又无组织的示威行动；服饰的流行以及宗教的狂热，乃至某些极端的民族主义等。

集群行为特点

被公认为研究群众心理和集群行为第一人的德国学者勒庞，在《乌合之众》这本书中认为，群众具有神经质的感染因素，并具有以下三个特征：(1)去个性化，即由于置身于人群中，个人便确信有一种难以克服的力量使自己不能不屈服于本能；(2)感情作用大于理智作用，这容易导致群众易受相互间的暗示与感染；(3)失去个人责任感，这容易导致对情欲和行为缺乏控制。

根据众多的集群行为表现，我们可以总结出如下几个普遍的行为特征。

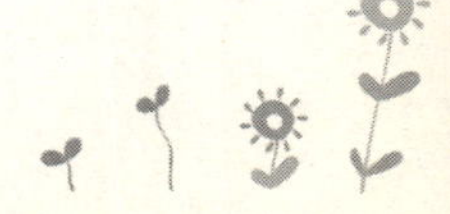

（一）自发性

集群行为并不是事先计划好的，往往是一群人在某种场合，受到某种刺激而产生的临时行为。集群行为事先没有周密的计划和严密的组织，发生的过程也没有明确的领导，带有突发性和混乱性。

（二）情绪化——狂热、慌乱、愤慨等激动情绪为主

集群行为的参与者都是在激情驱动下加入活动并做出和他人一致的行为。整个过程往往伴随着情绪的亢奋和不稳定，通常以狂热、慌乱、愤慨等负面的激动的情绪为主。行为过程中人与人情绪相互感染，导致情绪的夸张和不稳定，一个人表达的是“愤怒”，一群人的情绪传播就成了“出离愤怒”。所以参与集群行为的人很容易失去理智，无法控制自身的行为。

（三）盲目性和从众性

在集群行为刚刚开始的时候，很多人并不清楚集群行为的目的、性质和后果，只是受到周围人的影响而盲目参与其中，带有很强的从众性。加上情绪化的感染，人们更容易接受群体的暗示，从而吸引更多具有相同情绪的人参与其中。整个过程中个体失去了独立的判断和思考，转化为单纯的群体一分子，行为和思想都盲目从众。

（四）行为的越轨性和后果的难以预料性

由于集群行为的参与者容易失去理性、失去对行为的控制，人们往往不遵守正常的社会规范，产生越轨行为，干扰和破坏社会秩序，甚至产生打砸抢烧等暴力行为。集群行为多属于非常规行为，与正常社会环境下的行为在过程、结构和发展规律方面都有所不同，因此它的后果令人难以预料，经常导致失控的、出人意料的后果。

（五）力量性

数量众多的人，情绪化的反应，这些情况都意味着集群行为具有很大的能量。而集群行为爆发的力量往往涉及威胁、阴谋、破坏等非正常、非正当的力量，因此集群行为的预防、疏导和控制几乎是每个社会关注的焦点。

但是在特殊的历史条件下，集群行为也可能成为吐故纳新导致社会变革的建设性力量。法国大革命期间“攻占巴士底监狱”事件，起初带有明显的集群行为特征，随着革命的发展，由农民、无产者等汇聚起来的群众组成了革命的力量，受到革命者的指导与引领，成为揭开法国大革命的序曲而永载史册。

集群行为的心理机制与产生条件

既然集群行为具有上述特点，人们为何要参与集群行为？哪些情况容易引发集群行为？

（一）去个性化

去个性化指人们参与到群体活动中，感觉被群体所淹没，丧失了对自我的控制，失去了通常的个性感和对自己身份特征的感知。

去个性化容易导致失去个人责任感和自我控制力，按照情绪或本能行事。

勒庞说：“当个人成为群众中的一员时，他就会从群体众多的人数中获得一种力量，这种力量足以让他产生杀人放火的念头。而且没有任何犯罪的意识。群众之间具有神经质的感染因素，在相互感染中他们的思想和情感越来越趋于一致。”

（二）日常规范的失效

集群行为是一种为了应付不确定的环境而歪曲或形成的

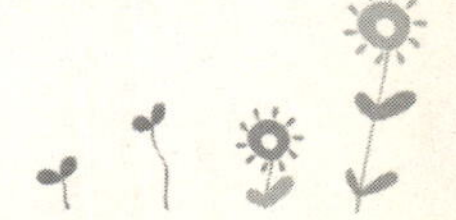

行为,它的制度化程度很低。所以集群行为更容易出现在紧急情况下。正常航行的轮船上每个人都知道做什么,但是一旦轮船即将沉没,没人知道下一步会面临什么,也不知道该怎么应对(少数专业人士除外),于是人就凭着本能或从众去求生,然后导致混乱,混乱又加剧人的恐慌。

任何环境或任何场合,只要是一大批人失去了必要的行为规范,就有可能导致集群行为。例如在失事的车船中,在失火的影剧院或者是突然遭到意外袭击的一群人,他们由于没有想到要应付此类事件,没有事先明确的规范来指导自己的行为,只能靠自己临时的判断和接受他人的暗示来调整自己的行动。因此,在这种没有规范指导的情况下极容易产生集群行为。

有些集群行为的产生需要必要的环境场所,反过来说,有些特殊的场合也便于促进人们对某种普遍刺激作出自发的反应,从而产生集群行为。这种环境场所最主要的特征就是便于人们之间面对面的互动,如广场、体育馆、大厅等。除了空间条件外,时间也是集群行为的一个关键性的环境因素。许多人同时聚在同一场所,为集群行为的产生提供了时空条件。

(三)社会控制机制的解体

这是比较重要的促成集群行为的社会条件。因为许多集群行为是危害现存制度的,所以维护这种制度的机构也自然会努力制止这类行为的发生。一旦当社会控制机制减弱并且看来将要崩溃便为集群行为的产生创造了条件。而且,参与集群行为的人,至少是身处其中的时候,其实是有共同信念的,认为凭借集群的力量能够重建或恢复正常的社会行为。

(四)相对剥夺感

当人们实际所有的东西不能达到他们自己认为应该获得的程度时,便会产生一种相对剥夺感。特别是在一个长期的不断上升的满足和期望之后，突然来一个倒退，这种相对剥夺的作用会更加明显，因为人们习惯了期待更多的东西。对照当今的社会现状，各种社会矛盾和社会心态的失衡，都与人们普遍的被剥夺感有关。

法国社会学家托尔维克说："对一个政府来说，最危险的时刻通常是它开始改革的时期。当时被消除的流弊似乎更容易使人觉察到尚有其他问题存在，于是人们情绪更激烈；痛苦的确已经减轻，但是感觉却更敏锐。"

社会控制机制和民众的剥夺感是构成集群行为的助长性或者压抑性的发生因素。

（五）权力斗争

一些为了达到某种政治目的的策划者，常常会把集群行为作为一种政治策略，这是某些集群行为尤其是以集体暴力为主要形式的集群行为产生的政治条件。众所周知，很多表面的"群众意愿""学生聚会"，背后都有某种政治势力在操纵或鼓动。

进一步讲，并不是具备了以上条件就一定出现集群行为，集群行为是一个"最终产品"，在它正式出现之前经过长时间的各种因素的发酵，每经历一个阶段就逼近集群行为一步。借用经济学术语，我们可以把这样的过程视作"追加价值"，其后才产生了集群行为。在"价值追加"过程中有许多具体因素，这些条件和因素在相互的碰撞挤压后最终爆发。这些因素包括：

（1）结构性助长，即有利于产生集群行为的社会结构或周围环境；

（2）结构性压抑，任何使人感到压抑的社会状态，如贫困、冲突、不公平的待遇、难以捉摸的前途等，都刺激人们通过集群行为来解决问题；

（3）普遍的信条，即人们通过对自己所处环境中的问题的认

定；

（4）突发因素，这是集群行为的点火器；

（5）行动动员，群体内的领袖人物或鼓动者的鼓励和口号，标志着集群行为的开始；

（6）社会控制机制，即防止、抑制和疏导前五个因素的累积力量，集群行为最后是否发生就看这种控制手段是否成功。

（六）社会运动

集群行为如果统一持久、长期累加或者加上制度化理论化的武装，就演化成社会运动。例如现代劳工运动起初只是工人不甘压迫而采取的自发的抗议、游行活动，后来在政党的领导下，用理论武装自己，建立工人阶级的组织，最终打破了旧社会建立新政权。

社会运动通常有完整清晰的发展过程，可以分为：预备阶段——普及阶段——正式组织阶段——制度化阶段。

集群行为的理论思想

集群行为是社会学和心理学无法回避的课题，学术界提出了许多理论解释。有说服力的理论有价值累加论、反常行为论、心理失衡论、剥夺论、资源动员论等。

在此我们选取集群行为研究的最有影响力、最权威的两部著作，用读书笔记的形式展现作者的主要观点，以此透视集群行为的实质。一是被誉为"群众心理研究的开创者"德国学者古斯塔夫·勒庞，所著的《乌合之众》，是研究集群行为的经典之作。二是被称为"当代群众运动圣经"的一本书《狂热分子》。作者是当过工人也当过大学教授的埃里克·霍弗。

(一)《乌合之众》的主要思想

第一,群体很普通,他们甚至不能完成需要高智力才能完成的工作。若是涉及成员的普遍利益,杰出人士组成的议会就会作出决定,但是这些杰出人士作出的决定就一定比一群蠢人高明吗?你能相信吗?这些杰出人士处理问题的方式表现得相当平庸。若你把群体中每个人的想法都综合起来,那么你得到的就只有愚蠢,而不是智慧。

第二,对于群体而言,没有什么是他们不可能做到的。例如,孤立的个人并不能烧毁宫殿或者洗劫商店,即使存在这样的诱惑,他也很容易自觉地抵制。但是当这个人成为群体中的一员时,他就会从群体众多的人数中获得一种力量,这种力量足以让他产生杀人抢劫的念头,他也会马上屈服于这种诱惑。

第三,最初的暗示,经过群体成员之间的相互传染,会快速地占据群体中所有成员的大脑,群体感情将会慢慢变得一致。

第四,群体情绪的简单和夸张造成了群体全然不知道什么是怀疑和不确定。群体就像是女人,总会轻易陷入极端。群体一旦对某事产生怀疑,这些怀疑立马就成为他们判断这件事的证据。孤立的个人若是心生厌恶或有反对意见,不会有什么力量,若是群体中的个人,因为心里产生厌恶而立刻变得勃然大怒。

(二)《狂热分子》——群众运动圣经

群众运动的吸引力:

(1)对改变的渴望

有成就感的人会把世界看成一个友好的世界,失意者(厌恶现在、厌恶自我的人)则乐于看到世界急剧改变,在投身运动中自觉拥有无敌力量,看到无穷机会,而且不可避免地看不起“现在”。在混乱中如鱼得水。

（2）在运动中寻找“替代品”

通过认同一件神圣事业而获得自豪、信心、希望、目的感和价值感。使得投身运动的人永远逃离自我，获得重生；个人不再是他自己，而成了某种永恒之物的一部分；获得“不用自我负责”的自由。

第8章　流行与时尚

导　读

时尚是在大众内部出现的一种非常规的行为方式的流行现象。时尚的传播、普及和发展所依靠的主要手段是流行。时尚与流行实际上是同一事物不可分割的两个方面。离开了流行，时尚便不会成为时尚，时尚是流行的必然结果；离开了时尚，也就没有什么东西得以流行，因而流行也就不会发生。

流行时尚与现代社会

时尚已经成为现代社会的重要内容。时尚是社会的产物，也反映出社会的物质条件、价值取向和社会成员的精神面貌。据说胡适在国外就读时，有人问他回国后最想了解祖国的哪些变化，他说，我只要去两个地方看看，就知道祖国到底是什么样子：一是看看书店；二是看看大街上妇女的着装。

一、流行时尚的社会条件

（一）社会物质生活条件的丰裕或相对丰裕

物质生活条件窘迫会使消费者无心他顾，对他或他们来说解决温饱胜于追求时尚。物质生活条件丰裕后（起码没有温饱之虑）人追求美的另一天性就暴露出来，人们追求一种流行的行为模式，而时尚能够流行也必须凭借某种物质的形式。所以，古往今来，那些经济发达、物质生活条件丰裕的国家和地区，向来是时尚的始作俑者，是流行的生活与行为方式的“集散地”。

（二）日常生活中大众的相对闲暇

在生产力相对低下的工业革命以前，一部分人的富裕和闲暇是以大多数人的贫困和忙碌为代价的。一直到19世纪末，闲暇如凡勃伦所言始终只是社会上层即所谓“有闲阶级”的垄断物。经过历史上多次斗争，闲暇才逐渐成为普通民众的基本权利。有了闲暇时间，民众才能从繁重的工作中解放出来，用更多精力关注流行趋势，用更多时间去消费，去追赶潮流。

自从我国实施“五一”“十一”小长假制度，全国兴起了旅游热、休闲热，带动了“假日经济”，人们纷纷把假期外出旅游作为一种时尚的生活方式。近几年随着旅游的热潮和生活水平的普遍提高，由国内旅游上升到了“出境游”。

（三）大众传媒的传播影响力

在时尚流行的客观条件方面，除了富裕和闲暇外，社会的大众传播媒介（尤其是电子媒介）的发达程度也与各种时尚的兴起与流行密切相关。一方面，有些传播媒介尤其是电子媒介，如收音机、电视机、手机，以及在此基础上衍化而来的电子游戏机、音响设备、随身听、智能手机等等，本身就是时尚物品，这些物品的出现和普及促成了相应的时尚的兴起。另一方面，大众传播媒介在现代社会的普及，为各种时髦行为方式的制造和推广提供了可能。大众传播媒介加快了特定时尚在社会中的普及速度，当然也同时缩短了一种时尚的生命周期。

以服装的流行来说，法国巴黎时装周是时尚界的风向标。以前最新潮的款式流行需要一段时间和过程，而现在通过电视直播，网络媒体等手段，全世界的人可以第一时间同步看到最新的流行趋势。而服装界的时尚淘汰率也由原先的一年一轮、一月一轮，到了现在的平均一周一轮！英国王子大婚全球直播，马上引来包括中国在内的年轻人对婚礼模式的效仿，出现了很多“山寨版王室婚礼”。这些令人眼花缭乱的时尚传播与更替，背后都是媒体的影响力。

（四）民众的时尚意识

在一个或多或少具备了上述客观条件的社会中，能否出现以及能否普及某种时尚，还与该社会中一般大众的时尚意识的强弱有无密切相关，这是时尚流行的主观条件。时尚不完全取决于客观物质条件，还受到人的主观意识左右。有些社会里，把追求时尚视为奢侈颓废，是“忘本”的行为，因此人们对时尚比较保守、麻木。具有时尚传统的地区，人们对时尚的追求更加强烈。

二、时尚传播规律

(一)时尚发展与社会物质生产及文明程度成正比

在一个迅速变化的社会里,特别是在社会与经济生活的变革时期,或大量地受到外来文化的影响时期,时尚特别流行。这个时期的时尚以最快的速度反映着社会的现实状况,是新的社会规范和社会风俗形成的前驱。

(二)时尚的变迁有时呈现为周期性的循环往复状态

今天视为时尚的事物,明天或许就会成为陈旧;而今天视为陈旧的事物,明天或许又会变成时尚。克鲁伯曾经通过研究妇女的时装变化得出结论,时尚的变迁大概5年至25年一循环。当然他的这个结论是针对20世纪后半叶到21世纪初而言的。在现代社会中,时尚的变迁周期恐怕已经大大缩短。需要说明的是,时尚虽然呈现为一种循环的变迁状态,但要对它做到完全的预测也是很困难的,所能预测的只能是一般趋势。一般来说,时尚是循着极端而变。以时装为例,宽到极端又回到紧,紧到极端再回到宽;小到极端回到大,大到极端又回到小等等。

(三)时尚的流行常常体现为统计学上的"常态曲线"

这"常态曲线"常常有两个方面的具体含义:其一,一个社会中时尚的始作俑者和极端注意者总是少数,而对时尚极端不注意或熟视无睹的人也是少数。其二,时尚的流行也常常表现为一条近乎对称的常态曲线。按科尔曼的说法,时尚常常是"缓慢地兴起,逐渐积累能量,然后发展到顶峰;势头逐渐衰落直至彻底消失。在时髦行为中有一条增长曲线和一条衰退曲线"。

在传统社会,时尚的流行遵循的基本上是所谓"上行下效"规律,即时尚的始作俑者或领潮者总是社会上有地位、有身份、有经济实力的人。但是，近代以来尤其是20世纪60年代以来，伴随着世界政治、社会、文化和经济生活的巨大变化，时尚传播过程中的“下行上效”现象也日益明显。

（四）时尚的流行常常会因传播的远广而失其本来面目

《后汉书》所载：“城中好高髻，四方高一尺；城中好广眉，四方且半额；城中好大袖，四方全匹帛”。这是说的自上而下的流行过程，百姓过度效仿贵族的装扮，在时尚传播过程中失去了本来面目。因此时尚是一边被传播一边被改造。

中国的民族标志服装——旗袍，最初是满族劳动妇女的普通着装，后来经过加工改良，面料越来越讲究，款式越来越侧重审美性（改变了劳动妇女服装的实用性），成为清朝贵族妇女宫廷服装。经过民国时期的全方位改良和普及，后来其面料、款式、风格，不断多样化，最终成为最能体现中华文化元素、最能彰显东方女性魅力的民族服装。

旗袍

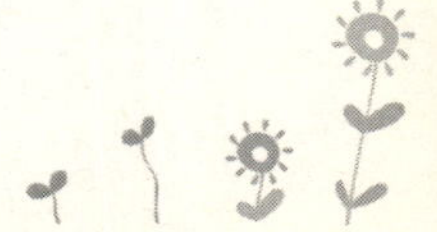

时尚的层次

时尚不是一种单一的社会现象,它有不同的层次,具体的表现形态也多种多样。汉语中的时髦、时新、时尚、阵热、流行、摩登、新潮、风尚、时狂,英语的 fashion, smart, style, fad, mode, vogue, boom, trends, craze,都是有关时尚的不同表现形态的称谓。如果从一事物或行为流行范围的大小、持续时间的长短、追求者的身心投入程度的高低入手,我们可以从上述称谓中选择时髦、时尚和时狂这样三个最具概括性同时又互为连续的概念,来代表时尚这一现象的三大主要形态。其中,时尚是最为基本的形态,它始于时髦,终止于时狂。

一、时髦: 零散性和短暂性

作为时尚最为常见的初始形态,时髦是"一种零散的、短暂的时尚"。时髦在多数情况下指的是一种在短时间内流行起来又迅速消逝的生活或行为模式,即人们通常所说的"风尚"或"阵热";但有时也指那种虽持续较长时间却一直未能普及开来的高雅或怪诞行为(俗称"摩登")。显然,风尚或曰阵热是时髦的一种常态形式;而摩登则是时髦的一种残余形式,是那种既未能风行开来成为时尚,又未转瞬即逝的生活或行为模式。在现实生活中,20 世纪 80 年代初兴起的羽绒服曾流行一时,着实"热"过一阵子,此谓风尚;但 20 世纪 30 年代上海就有人穿的水獭皮大衣却至今仍穿者寥寥,难以风行,此谓摩登。

二、时尚: 相对持久而成型的行为模式

与时髦的零散性和短暂性相比,时尚是一种相对持久且较

为成型的生活或行为模式；和时髦的浅俗性相比，时尚也具有较为丰富的文化内涵，它是生活风格、活动系统和具体的文化品味的系列显现。此外，在参与者的主观投入方面，时尚界于时髦与时狂之间。具体说，虽然时尚的追随者的身心卷入程度要高于时髦的追随者，但它毕竟还不是时狂，主要与情绪唤醒的温和层次有关。正如布鲁默所言："尽管人们可能对一种时尚变得很激动，但他们基本上是对它的得体和醒目的特点作出反应的。"

三、时狂：极端与不理智的形态

时狂，是时尚这一越转越快的漩涡的中心。时狂是时尚发展的极端形式，是时尚参与者狂热而不理智的状态。时狂与时髦和时尚最主要的区别之处在于，处在时狂状态的参与者其身心投入程度远远高于时髦和时尚的追随者。所以美国社会心理学家R·W·布朗会将时狂称之为"一种激动人心的介入方式"。此时参与者的身心投入达到了亢奋不已的地步，人们的感情在相当长的一短时间内被卷入某一事物或行为。时狂与暴众心理十分接近，是一种典型的缺乏制度性的集群行为方式，并且极有可能造成严重的社会后果。

流行时尚的心理机制——求同与求异

在时尚的漩涡里人们扮演着不同的角色，有时尚的制造者和引领者，有追随者，还有落伍者。对领潮者和赶潮者而言，时尚的意义是不同的。在赶潮者眼里，人们趋之若鹜的事物或行为就是时尚；但在领潮者看来，这类事物或行为与其说是时尚，不如说是庸俗，必须要抛弃掉制造新的时尚。这一区别实际上揭示了时尚的基本心理机制，它由两个既相互矛盾又相互一致

的心理过程构成。这就是，既要树异于人，又要求同于人。具体说来，社会上层或想成为社会上层的人要树异于不如己者，所以他们往往是最先采用尚未有人采用的新事物的领潮者；而社会下层或不甘再为社会下层的人则要求同于胜过己者，所以他们往往是想方设法采用已有人采用的新事物的赶潮者。下面分别讨论。

一、时尚制造者

为了追求新奇，为了立异于他人、标新于旧制，时尚的倡导者会千方百计地在各个方面表现出差别、体现出个性。在传统社会，上层阶级极其希望能与下层阶级区分开来，特权者通过与众不同的服饰、色彩、车马、宅第、谈吐、三妻四妾以及一掷千金的气派，显示出自己的地位、富有和闲暇。最初，他们可以通过两种方式来保持与下层社会的差异：其一，明令禁止下层阶级穿戴或使用上层阶级的服饰和器物；其二，放弃已被下层阶级模仿和采用的服饰和器物，创用新式样的服饰和器物，重新确立与下层阶级不同的标识。

在当代社会中，特权思想被社会所不容，但是时尚制造者仍然可以找到与普通民众相区别的武器——财富。富裕阶层使用炫耀甚至挥霍的手法，来显示自己的独一无二，以超乎寻常的消费实力拉大与一般大众的差别。他们不断引领和制造时尚，使用价格昂贵的奢侈品，有意显示与众不同的行为模式和造型，期望自己本身成为时尚。

二、时尚追随者

由于正在流行的时尚总是表现出特定的珍贵性，参与的人在时尚中获得某种殊荣和优越，于是时尚还是落伍便为众人的效仿创造了一种无形的压力：如果不加入到时尚的行列，不仅在众人面前显示了自己对新鲜事物的麻木，而且还表现了自己在某些方面明显地劣于他人。因此，民众不断迎合时尚，追随时尚的脚步，当追随者越来越多时，在公众中便产生了一种求同于人的心理需要。很多人为了不想和别人不一样而被动地追随时尚。为什么要迎合追随呢？具体来说基于如下心理。

（一）从众与模仿

时尚的始作俑者，多为社会上有地位、有影响、有经济基础的人物，而"上有好者，下必甚焉"。因此，一种时尚便能在短时间内从上层社会蔓延，传播到一般大众。当人们在模仿自己心目中的各类"明星"时，总是希望自己能够获得所崇尚的某种高贵品质。

（二）自我防御与自我显示

时尚有时是对个人尊严感觉不到满足时的一种补偿手段。换句话说，时尚在一定程度上能够补偿内心的空虚和不足，能够换来暂时的尊严感、优越感和满足感。1996 年美国里维斯公司针对消费者的穿衣动机做的调查显示，人们穿衣的目的不是为了漂亮和其他，而是为了增加自信。60% 的人明确认为穿衣是为了增加自信；51% 的人认为穿衣具有"在压力下保持镇静"的功能；49% 的人希望通过穿衣展现自己的成功；41% 的人希望给人聪明、理解人帮助人的形象。

（三）追求冒险与新奇经验的冲动

这种冲动多体现在未成年人和青少年身上。青少年通过赶时髦，变换造型，模仿明星等方式获得新奇的经验，自认为这是一种"成长"。在青少年身上往往看到最夸张、最前沿的流行趋势，对他们而言，与其说是时尚，不如说是"阵热"和"时髦"。因为这种时髦会给这个年龄段的孩子带来新奇和刺激的体验。

三、落伍者

在时尚流行的分布曲线中，总有少数的落伍者。他们无力也无心追赶时尚，主动或被动地游离于时尚之外。有的人是出于对时尚的超越，比如专注精神世界而超越世俗世界的思想者、灵修者、修行者。还有一些人是由于客观原因，被排斥在时尚之外，比如精神病人，还有挣扎在生存线上无心他顾的社会弱势群体和边缘人群。

第9章　侵犯行为与利他行为

导　读

图 9–1

1964 年 3 月 13 日凌晨，美国纽约市皇后住宅区一位叫做凯蒂·吉维诺斯的女子在夜晚回家的途中被歹徒杀害了。在她遭到攻击的前后 45 分钟内，她大喊救命，街区居民有人推开窗子察看，也有人喊道："放开她……" 然而 38 户居民没有一人真正施救和报警，最终，几次被吓退的歹徒将凯蒂残忍杀害。

社会生活中随处可见“旁观者不作为”现象，人们为之遗憾、愤慨。同时也会经常看到无私帮助别人的人，乐于奉献的人，人们为之感动。被各种“正能量”或者“负能量”震撼之余，人们试图揭示出导致人类侵犯和利他行为发出的原因，是什么条件成为影响这两大社会行为的主要因素，面对这些现象，我们可以做些什么。

侵犯行为

侵犯是对他人身体或心理造成伤害的有意行为。侵犯可以是身体的也可以是语言的，可以表现为直接侵犯，也可以表现为间接侵犯。比如辱骂、诋毁、殴打、伤害、抢夺、杀人，都是侵犯行为。

利他行为是指行为者不是出于直接满足个人利益的目的，而自愿做出符合社会期望的给他人带来帮助的行为。如舍身救人、志愿者行动、纯善意的捐助，都是利他行为。

侵犯与利他是人类社会行为连续体上的两个极端。从行为的社会性质说，侵犯行为是反社会行为，利他行为是亲社会行为。从行为的利益导向说，侵犯行为的出发点是单纯个人利益并且以伤害他人为手段获取自身利益；利他行为是以他人利益为导向，甚至牺牲个人利益满足他人利益。

一、侵犯行为的理论解释

（一）本能论和生物学理论

人类的侵犯行为是天生的吗？很多哲学家、科学家都在寻找答案，并一直为此而争论。一部分人认为人天生就具备侵犯的本能，另一部分人主张人是在后天环境中逐渐学会了侵犯，17

世纪英国哲学家霍布斯就是第一种观点的代表,他提出人类在自然状态中是残暴的,只有利用法律和社会规范才能遏制人天生的侵犯本能。而18世纪卢梭则与其观点正好相反,他主张人是"高贵的野蛮人",人类是温和的,但生活在一个具有束缚力的社会里,使我们变得具有敌意和进攻性。

"侵犯是人类的一种与生俱来的本能"的观点到了20世纪被弗洛伊德进一步阐述。

弗洛伊德认为人有生的本能和死的本能,人们每天寻求各种利于自己生活的条件,维持生命以及保证繁衍的行为都是源于生本能。而死本能则是"致力于摧毁生命,并将生命还原到没有生命物质的原始状态"。根据心理动力学,这种驱力如果指向外部则可能使人去破坏世界,对别人造成伤害,如果指向内部则可以解释自我毁灭的行为。弗洛伊德还认为,侵犯能量必须适度宣泄,否则会引起爆发。

另一种解释是社会生物学理论。人类是动物界的一个分支,人和动物一样具有不断积累的侵犯能量,当特定的刺激引发了内在的侵犯能量时侵犯行为就会发生;而进化论心理学则认为,生物的进化不但对人类的发展起着重要的作用,而且在人类侵犯行为模式的发展中也扮演着重要的角色。从遗传角度上说,遗传因素在人类侵犯行为中发挥了重要的作用;最后一方面,雄性激素在动物发生侵犯行为的过程中发挥着重要作用已被证实。

(二)挫折侵犯理论

很多亲身的体验也告诉我们,生活中的挫折经历也会引发一种目的未达成的挫折感或某种不愉快的情绪,这往往导致我们侵犯行为的发生。

早期的观点:在多拉德的《挫折和侵犯》一书中,挫折被定义为“目的性反应遭到阻碍时的伴随状态”；侵犯被定义为“行为的反应目标是伤害一个有机体”。多拉德认为“侵犯永远是挫折的一种后果”。

一个经典实验可以证明挫折会引发侵犯行为。

一群儿童被分为实验组和控制组，实验组所在房间有很多吸引人的玩具，但被金属丝网隔开，儿童无法接触玩具，这组儿童历经长时间等待后被允许玩那些玩具，而控制组儿童进入放满玩具的房间没有被阻止得到玩具，这些孩子很愉快地直接取到玩具玩耍。结果发现，实验组的儿童拿到玩具后具有很强的破坏性，表现为将玩具摔到地上，丢向墙壁，有的用脚践踏。

侵犯的强度如何也与受到的挫折强度有关。哈利斯设计了这样一个实验：他安排实验助手在商场、银行和售票窗口排队的人群中插队，插到第三个人或第 12 个人的前面，短暂观察这个人的反应后 20 秒，再道歉离开。这个人的反应被编码为言语侵犯（如“注意点”或“这是我的位置”）和非言语侵犯（包括不友好的动作及推搡）。观察表明，排在队伍前面的人比排在后面的人更有侵犯性，因为前面的比后面的能更快地达成目标，所以体

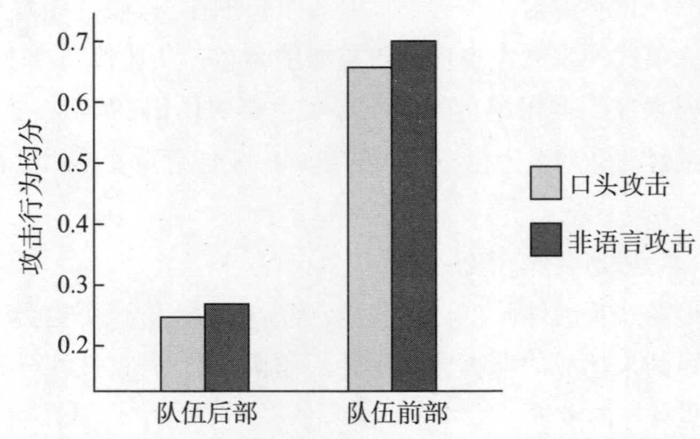

图 9–2　排队位置对攻击行为的影响

验到更多的挫折感。

伯克威茨认为挫折产生愤怒的情绪，愤怒源于挫折阻碍人们实现目标，这种消极情感能够引起侵犯的倾向或准备性，但不会产生外在的侵犯行为，而其某些外在刺激物似乎会迫使人们采取行动。

（三）社会学习理论

斯金纳的操作性强化指出，当特定的刺激—反应模式被积极强化，即通过给予奖赏而非给予惩罚，刺激与反应之间的连接就会被加强。

班杜拉同样认为人的行为的塑造依靠后天社会提供给人的刺激或影响。行为除了通过直接经验的习得，也可以通过观察他人行为而被间接习得。人们观察他人行为并将所观察到的信息用来指导自己的行动，通过这样的方式人们习得了自己应该如何行为，即观察学习。班杜拉指出，人在特定情景下是否具有侵犯性，有赖于其对侵犯行为的直接和间接经验，以及那些侵犯行为的后果。

符号性榜样，典型的有大众传媒对儿童的影响，当看到网络及影视中的侵犯或暴力行为被允许，儿童就会出现对侵犯行为的认同。

二、侵犯行为的影响因素

（一）以个人为中心的决定因素

1. 性别

依照经验，人们通常认为男性要比女性更具侵犯倾向，事实上，激素论解释的确给我们提供了验证：男性的睾酮水平明显高于女性。这与动物界的雄性动物比雌性动物表现出更强的进攻性的原因是一致的。但我们不能就此来断定人类的各种侵犯行

为男性绝对显著高于女性。从性别的社会化角度看，人类接受了太多的性别角色社会期望的过程，家庭、学校、同辈群体等各种因素则成为判断这一现象不可忽视的方面。比约克威斯特等人通过研究发现男孩在身体侵犯方面比女孩更明显，而在语言侵犯方面却没表现出性别差异。而间接侵犯方面（如散布谣言，恶意揭露他人隐私，告诉他人不要跟某人好等）等方面女孩的表现水平比男孩更高。

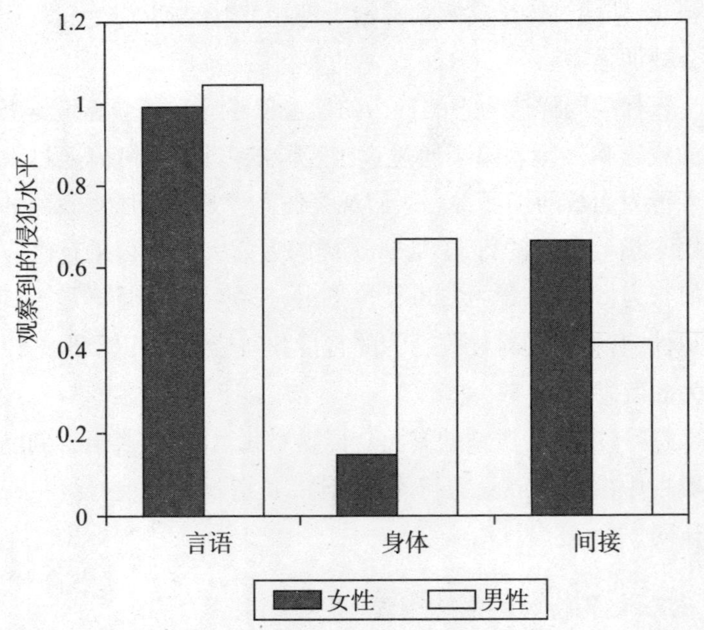

图 9-3　男女两性侵犯方式与侵犯水平的比较

多项研究的综合分析表明，一般环境里男性比女性更具侵犯性，但被激怒后，女性会表现出与男性相当的侵犯性。在侵犯动机上，男性大多将侵犯作为实现某种目标的工具，例如控制他人，维护自尊或保持权力。女性通常认为侵犯是由于情绪失控或压力带来的结果，并把侵犯看作消极或反社会的行为。

2. 人格

侵犯是否与人格有关呢？弗里德曼提出A型人格者通常富于竞争性，充满紧迫感，在挫折情境中易产生敌意和攻击性更易患心脏病；B型人格则比较松弛，不急迫，不易被激惹。

有研究发现A型人格者在威胁性情境下会表现出更明显的侵犯行为。卡弗和格拉斯安排一些大学生被试首先完成一项知觉—运动的任务，随后由实验者的助手当面贬低他们的任务表现，以威胁到他们的自我效能感，然后提供机会使被试能够对实验者的助手施加电击。结果发现，A型人格的大学生当效能感受到威胁时比B型人格的大学生对实验者助手施加更强的电击。

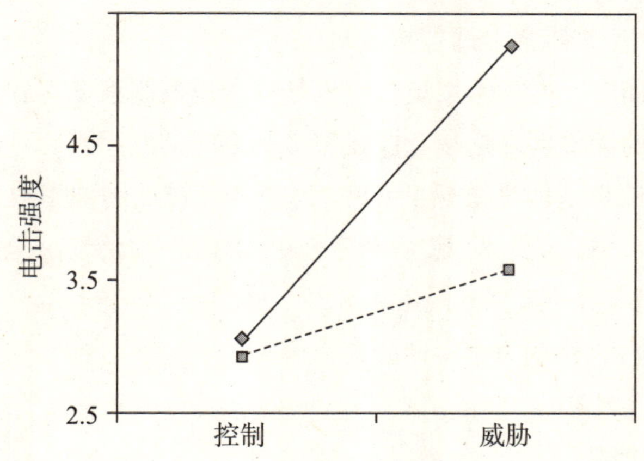

图 9–4　A型人格与B型人格在侵犯上的差异

3. 饮酒

酒精作为一种常见的生化刺激通常被人们认为是侵犯产生不可忽视的常见因素。饮酒除了可以改变人正常的行为外，也能扰乱正常的认知。酒精不仅会降低人们对行为的抑制力，而且还改变了我们处理信息的方式。通过实验证明：当血液酒精浓度上升时，喝酒的人感到自己的兴奋性、外倾性和刺激性都增强了，但神经心理功能的受损程度也加强了，如记忆力、注意力和反应时间都会变差。所以很难保证醉酒后的人能够对环境做出正确的评估，或者能正确估测自己行为的后果。醉酒的人通常倾向于对最早和最明显的社会情境特征遗失细节。如醉酒的人有时会把无意理解为故意，或是把误会理解为挑战。

4. 疼痛

疼痛是令人厌恶的，动物在遭受疼痛又无法逃开的情况下会攻击包括同类的任何目标。1967 年，美国心理学家通过电击老鼠验证了这一结论，同时发现因电击遭受的疼痛越强烈，攻击就越猛烈。随后的研究也发现，当终断给已经习惯在规律刺激下得到食物的鸽子提供食物，鸽子就会出现攻击行为，有学者将此作为“心理疼痛”，即挫折。

疼痛对于人类的侵犯行为也是一个诱发因素。实验证明类似疼痛的厌恶事件是敌意性侵犯最基本的诱发因素。一部分大学生被试将手伸进微热的水中，另一部分被试则把手放入冰冷刺骨的水中。结果发现，后者变得更加痛苦，并诱发出急躁和烦恼，表现出对他人强烈的不满。

（二）以情景为中心的决定因素

1. 物理环境

（1）温度

一些经验告诉我们，天气越热，人们就会越烦躁，处理人际问题就会越缺乏耐心，甚至会变得暴躁，使得一些人际冲突一触即发。早在希波克拉底时代，这些哲学家们就把北欧一些国家的野蛮与文明的希腊相对照，把两种文化差异的原因归结为北欧气候严寒所致。现在已经证实，气温与侵犯行为的确存在某种相关。一些调查发现，1967 ~ 1971 年发生在美国 79 个城市的暴动更多地发生在炎热的天气里。美国学者在实验室条件下研究了这个问题，实验安排学生回答问卷，一组为常温条件里进行，另一组在 90° F（32℃）的室温里回答。结果发现，炎热教室里的学生表现出疲惫，有较强的攻击性，并且在随后评论陌生人的实验中表现出更多的敌意。

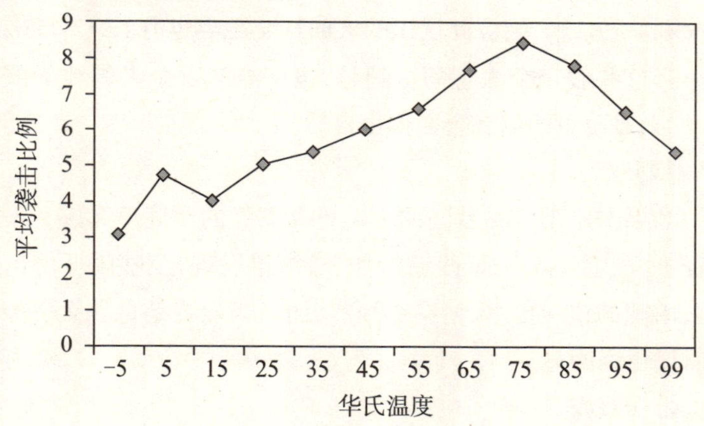

图 9–5　温度和袭击数量之间的曲线关系

（2）拥挤

拥挤是一种涉及主观认定的状况，由于有他人存在而引起的主观上不舒服的感觉。而密度则是一定空间内人的数量，是中性的概念。当密度达到拥挤的程度，就会使人产生压力感，拥挤也会给管理带来困难，而且容易增加个体的流动性，对个体而言兴奋性加强，情绪易被唤起，会产生去个性化的现象。如人山人海的看台上的球迷在赛事白热化阶段出现的群殴，上班高峰时段公交车上常常发生的口角，我国每年春运时期售票厅里等待购票的人群也因为存在冲突爆发的隐患而强化治安管理。

关于拥挤对成年男性监狱同住一室的人的影响的研究发现，同住者对监狱内拥挤状况的知觉，与唤醒和紧张的增加以及心理健康状况的下降有关。同时发现，感到拥挤的同住者

更容易将他人的行为理解是具有侵犯性的。这些知觉方面的变化，可能会促成侵犯的爆发。这也许因为我们对私人空间有最基本的要求，E.T.Hall 通过对美国白人中产阶级的研究提出，正式场合或公共场合人际沟通时的距离即公众距离大致在 3.6576 ~ 7.62 米，而彼此认识的人的社交距离也有 1.21 ~ 3.6576 米。当这些假定个人空间被超越，也许意味着个人领地的被侵犯，那么以侵犯回应就会变得很自然。

（3）噪音

如果安排学生在吵闹的环境里和安静的环境里完成一项数学任务，然后参与一个改错的任务，结果发现，在吵闹环境里的被试出现的错误更多，情绪更烦躁，而且当噪音是自己无法控制的时候更为明显。

2. 大众媒介

社会学理论已经告诉我们，人们尤其是儿童通过观察和模仿习得了侵犯行为，那么如果周围环境里充斥着暴力、凶杀及色情的电影、电视、电子游戏等媒介，人们的行为会变成什么样子呢？

多项研究已经证实，不论儿童还是成人，都会受到媒体传播内容的影响。其中，很多研究发现，观看暴力影视剧会增加观众的侵犯行为。一项纵向项研究中，研究者对 700 多个家庭进行了 17 年的观察发现青春期和成年早期花费在看电视上的时间和随后的暴力行为具有显著相关性。排除父母教育、家庭收入和邻居暴力行为，相关行为也是显著的。

（三）弱势群体

这部分群体通常面临经济利益和社会权力分配不公平、社会结构不协调、不合理等问题。这部分群体是否产生侵犯行为，取决于他们的相对剥夺感，即与他人或群体比较时，感到自己被不公正地弱势化，认为自己不能通过合法途径改善这种弱势地位，就可能代之以侵犯。一些研究表明，贫困、失业、分配不均、腐败问题、艾滋病等社会问题容易带来弱势群体的相对剥夺感，以暴力体现自尊，并使侵犯行为的罪责感弱化。这样，我们不难解释失业与犯罪之间的关系，包括反社会现象和集体侵犯行为。

（四）武器效应

1967年伯克威茨和安东尼·勒佩奇做过这样一个实验：将学生分别安排在两个房间里，一个房间里有一支枪，另一个房间里放置的不是枪而是中性物体：一个羽毛球拍。实验中实验者设法使这些学生们变得很生气，最后参与实验的学生都要对他的同学施加电击，结果发现，那些有枪的房间里的被试比在有球拍房间里的被试所施加的电击更强些。

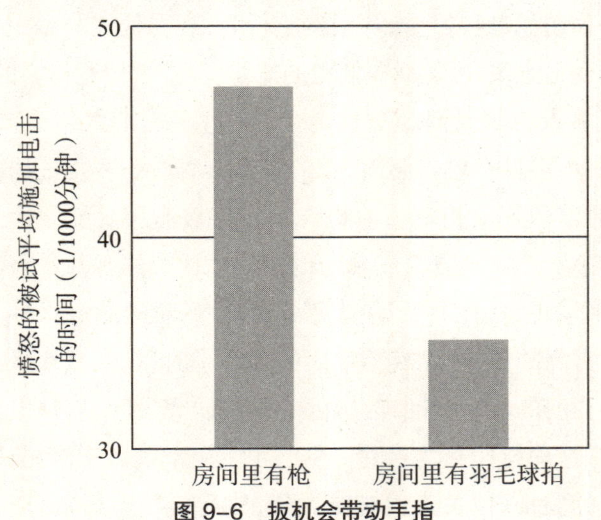

图 9–6 扳机会带动手指

攻击性线索，比如武器，会增加攻击行为。

伯克威茨认为这种明显的攻击源于具有攻击刺激：一个与攻击反应有关的物体（如枪）一旦出现，就会增加攻击行为的可能性，这就是著名的“武器效应论”。伯克威茨认为只有在环境中存在合适的线索时才会出现攻击行为，任何物或个人都能为侵犯提供线索，只要该事物或个人过去曾与愤怒和侵犯相联。正如他所说：“一个愤怒的人如果想施暴的话他会扣动扳机；如果他准备进攻，并且没有强烈地抑制这个行为，那么枪的扳机也能去扣动他的手，或者诱使他做出攻击反应。”伯克威茨认为，美国一半的谋杀是用手枪完成的，而家藏的手枪杀死家庭成员的可能性远高于杀死入侵者这样的事实是完全合乎情理的。

三、侵犯行为的转移与消除

（一）宣泄是否是有效的消除侵犯行为的方法

宣泄的概念来自古希腊，后来被弗洛伊德引用作为心理治疗的一种途径，通常是指利用侵犯行为，观看他人的侵犯行为以及幻想侵犯他人，可能减弱侵犯的能量，以降低侵犯行为的发生。

很多人主张，抒发怨气和大喊或出手攻击之后，心情会变得轻松，不再具有攻击倾向，真的是这样吗？一些实证研究告诉我们，弗洛伊德所指的宣泄也许不应该被滥用。加拿大的运动心理学家罗素对观看充满暴力的曲棍球比赛的观众进行敌意测量，结果发现，从比赛开始到比赛结束，观众的敌意水平上升到一个非常高的值，在比赛结束后的几个小时里，敌意水平并没有下降到赛前的水平。同样，国外的一些研究发现，直接发出侵犯行为时，这些侵犯行为会进一步强化侵犯倾向。布斯曼进行了试验室的验证，他首先将被试激怒，然后让实验组击打沙袋，并将被试分为两组，其中一组边击打沙袋边回想惹怒自己的人，另一组则想象着击打沙袋能够使自己的身体得到锻炼，同时安排控制组不击打沙袋。然后，实验者允许被试有机会对惹怒自己的人大声吼叫。结果发现，击打沙袋同时回想惹怒自己的人那组被试的行为比其他两组更具攻击性。于是布斯曼说,"通过发泄来减少愤怒的情绪,如同火上浇油。"

(二)惩罚与侵犯

惩罚是指为减少或消除某种不良行为再次出现的可能性而在此行为发生之后所跟随的不愉快事件。然而,惩罚的运用是否真的可以减少侵犯行为？惩罚的强度对消除侵犯是否有影响？对成年人是不是一定要运用严厉的惩罚或法律手段才能控制侵犯呢？

一些调查发现,对谋杀案可以判处死刑的国家的谋杀案的百分比并不比那些没有死刑的国家低。相关研究发现,要想使惩罚起到减少侵犯行为的效果,必须做到:第一,惩罚应该是及时的,在不当行为发生后立刻施予。第二,惩罚应该是确切的,使惩罚与侵犯行为相对应。第三,惩罚应该稳定,具有一贯性。第四,通过惩罚告诉对方不能做什么,同时还要示范非侵犯行为,让人明白应该怎么做。

(三)替代性侵犯

由于某种原因,侵犯不能直接针对引起愤怒的对象,通过侵犯那些与制造挫折相似的人,这就是替代性侵犯。例如,在公司里遭到上司责骂的员工不能直接抱负上司,于是回到家里对妻儿撒气。又如日本松下电器公司专门为员工准备了"精神健康室"即"出气室",里面有橡皮制作的老板塑像,用来供员工拿起棍子发泄不满,以达到情绪疏解的作用。

(四)移情教育

移情是一个人(观察者)在观察到另一个人(被观察者)处于一种情绪状态时,产生与被观察者相同的情绪体验,它是一种替代性的情绪情感反应,也就是一个人设身处地为他人着想、识别并体验他人的情绪和情感的过程。

多数学者认为：移情包括认知成分和情绪成分，二者是密不可分、互为基础、相互作用的。认知成分和情绪成分共同决定着移情的性质、内容、强度和方式。一方面，对他人设身处地的情感反应往往建立在能推断他人情绪状态的认知能力的基础上；另一方面，设身处地的情绪唤醒为观察者提供了推断他人情绪意义的内部线索。

移情是产生亲社会行为的重要动机源。霍夫曼认为，移情是整个人类都具有的一种反应，有神经学的基础，可以因后天环境的影响而发展或被压抑。

霍夫曼认为移情教育可以采取的办法有：为儿童提供情绪体验的机会，可以提高其移情能力，因为儿童移情的发展是通过进入他人的情绪而产生的；通过角色扮演可以增加儿童对他人的注意。具有更多注意并关心他人需要的儿童，有更高的移情能力。最后，儿童的移情性响应可以通过学习亲社会行为和树立榜样来培养。为此，国外心理学家进行了这方面的干预研究。

利他行为

一、有关利他行为的研究

（一）社会生物学解释

社会生物学假设，利他是人类的一种本能和天性，利他主义是由人之本性中的基因决定的，如同孟子所说的“人之初，性本善”。心理学家麦独孤从本能论出发，提出了人类天生的 18 种本能，既有破坏性本能，如攻击，也有建设性本能，如利他。

社会生物学家威尔逊在他的《社会生物学：新的综合》一书中，列举了大量的动物研究资料，从野兔、白蚁到灵长类动物，说明利他行为是动物以自我牺牲换取其他个体和整个群体生存机会的本能。从长远来看，利他行为是有利于整个物种生存、繁衍和进化的。也就是说，利他精神也是物种进化过程中为了生存与繁衍形成的一种基因。

社会生物学理论对人性提出了乐观的看法，也能够解释为什么我们更倾向于帮助我们亲近的人或与我们相似的人。但是它的观点主要来自于动物研究，而且生物学至今没有确切找到人类的"利他基因"在哪里。

（二）社会交换论

社会交换论认为人与人之间的相互作用，本质上是个人尽可能获得最大利益，同时又付出最小代价的社会交换过程。人们在做出利他行为之前，首先对自己、他人和所处情景做出估价，然后权衡收益与代价，最终决定是否付诸行动。当一个利他行为代价太大时，可能会取消行动。比如面对落水者，从认知角度我们都倾向于救助，但是一旦救助会付出生命代价，许多人都会望而却步。不过社会交换论也强调，所谓在利他行为中的"收益"并不全是外在的奖励和强化，还包括内在的自我奖励，即便最具有利他主义的行为，也具有社会交换的色彩，比如捐赠、资助乞讨者，一手奉献钱财的同时，也收获了自尊和荣誉，或者减少了内心的自我焦虑，增强了自我认同，完善了自我形象。心理学家达顿等人，用实验方法引起人的焦虑，使被试感觉自己并不像所声明的那样没有种族偏见，于是向黑人乞讨者捐助更多的钱。此时的捐助行为是被试为了证明自己，是减少焦虑的一种策略。

（三）社会规范论观点

按照社会学家梅厄斯的观点，人类社会最普遍的道德是交互性规范。交互性是支配社会交换、保持社会关系平衡的基本原则。在这一规范指引下，人们形成一个共同的社会期望：人应当帮助对自己有善意的人，应当报答别人善意的帮助。当我们让座给老年人时，是希望等我们老了也有人让座给自己。为此，当别人帮助我们或者对我们有善意的时候，会在心理上激起我们回报的压力。这种观点在一定程度上能够解释为什么一些人拒绝他人的帮助。

除了交互性规范，还有一类与利他行为相关的规范——社会责任规范。这一规范是指社会期待或要求社会成员去帮助那些需要帮助的人。父母应当抚养孩子；教师应当爱护学生；公民应该见义勇为，都是普通的社会责任。

总之，社会规范在人类生活中普遍存在，为人类的行为提供价值指引。其中最重要的就是交互性规范和责任规范。这一理论能够很好地解释利他行为的相互性，能够理解那些基于社会责任感、回报社会或追求社会公正动机下的利他行为。但是它不能解释最初的利他行为是如何发生的，也不能解释推动利他行为交互循环的动机是什么。

二、利他行为的影响因素

在什么情况下最可能出现利他行为或者影响了本该出现的利他行为？

（一）环境变量

1. 他人在场

随着旁观者数量的上升，人群中帮助困境者的几率反而会下降，这种现象称为“旁观者效应”。其原因可能是人数的上升造成的“责任分散”。在一个实验中，正在完成一个问卷的被试听到隔壁房间传来“紧急情况”的报警声，后来还有碰撞和女性的尖叫声，对于那些一人独处的被试，70% 的人跑到隔壁提供帮助；但是那些和另外一个无动于衷的陌生人在一起的被试，只有7% 的比例提供帮助。

2. 环境的不确定性

当一些因素使得他人难以分辨真实的紧急情况时，就会减少利他行为的可能性。在一个实验中，让一名“工人”扛着梯子和通风管经过被试的等候室，随后出现很响的碰撞声。在这种不确定的情景中，那个人获得帮助的可能较小，当他通过叫喊自己受了伤以澄清情况后，被试无一例外地冲过去给予帮助。

（二）个人特质——利他人格

不是所有的人都会做出利他行为。而真正利他的人都有一个共同点，那就是他的行为是自发的内在的，他并不把自己看做是英雄或高尚的人，他认为自己的行为是很自然的。这使得心理学对寻找“利他型人格”产生了浓厚兴趣。尽管具体说法不一，但是助人者的人格特征中有些是共同的，那就是助人者的自我概念是利他的形象，那么他就会努力保持这一形象，表现出仁慈、慷慨、富有同情心和责任感等。

表 9-1　利他人格特质与非利他人格特质的比较

在第一时间提供帮助的人	未在第一时间提供帮助的人
自认为具有同情心	自认为不太有同情心
相信世界是公平的	较不相信世界是公平的
具有社会责任感	较不具有社会责任感
内向型自我控制倾向	外向型自我控制倾向
较不自我中心	较为自我中心

另外，斯陶布还发现，利他者具有如下特点：(1)具有强烈的社会动机；(2)相信自己对事情具有影响力；(3)具有适合情景需要的特殊能力；(4)同情、理解他人，有责任感。

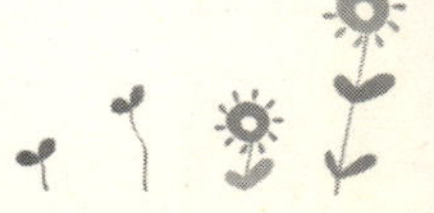

（三）利他行为的中介过程

利他行为是一个过程，这一过程对行为者来说要分析社会事件，对情景和事件作出解释，然后作出决策和行为。因此利他行为过程中助人者的认知和情感等因素都会对行为的最终实施产生影响。

1. 需求觉察和责任意识

一个人是否对一个需要帮助的人伸出援助之手，首先取决于他对特定情景的认知和归因与判断。他是否注意到了受助者的困境？他对这一困境如何解释？是否意识到困境中的人需要帮助？应该由谁来帮助？自己是否有承担帮助的义务？例如当你看到一个年轻女子失魂落魄地长时间徘徊在河岸边时，如果你的判断是这一女子很可能因为失恋而自杀，那么你就提高警觉而且会对她提供危机中的帮助。

实验也证明，当个人的责任越明确时，助人的可能性也就越大。你在公交车上看到一个陌生乘客的钱包被偷，可能不去报警或制止；但是当对方拜托你照看一下物品时，你对小偷的行为还会无动于衷吗？

2. 得失的权衡与自我效能感

当觉察到受助人的需要并意识到有责任帮助他人时，可以说这种认知使主体成为可能的或潜在的助人者，但是未必有实际行动。因为，从决策的角度看，人们会权衡特定行为潜在的收益、风险和付出是否对等，同时还要对个人自我效能的预期进行判断。比如面对一个落水者，如果助人者自认为游泳技能较差，不足以胜任，救助落水者的同时可能会让自己的生命受到威胁，那么他付诸行动的可能性就很小。

现代社会中一些帮助别人却使自己陷于不利的事件，增加了助人的风险性。例如一个好心的过路司机把被别的车撞伤的人送往医院却被当做肇事者；对吵架的夫妻好意相劝却被骂作多管闲事；捡到钱包归还失主却中了对方的圈套。这些现象的发生增加了社会助人成本和行为风险，使得人们在助人过程中更加患得患失，不敢轻易采取行动。

3. 心境

心境是一种使人的情感体验都染上某种色彩的持久的又带有弥漫性的情绪状态。心境几乎每时每刻都影响着人的行为，它对利他行为的影响也是复杂的。一般来说，好的心境会增加一个人帮助别人的可能性。当一个人获得意外的惊喜时，会造成一种“成功的温暖光辉”，使人们帮助别人的意愿明显增加。坏的心境所起作用更为复杂，对儿童来讲，坏心境会减少他们的利他行为。但是对于成年人，坏的心境也可能增加他们的利他行为。因为利他行为具有自我奖励的意义，让人感到自己高尚，这样的感觉会消除不愉快的情绪，于是利他行为成为一种“消极状态解除机制”。

（四）受助者特征

在同等情况下我们对受助对象的认知和行动是不同的，我们可能倾向于对某个特定的个体或人群提供帮助。助人者的这种倾向性很大程度上受帮助对象特征的影响。

1. 生理特征

包括受助者的外貌、年龄、性别、种族等。比如同样是遇到乞讨，当对方是青壮年男子，或者是五六岁的小孩，或者是七八十岁的老人，你更愿意向哪一个伸出援助之手呢？研究表明，女性比男性更容易得到帮助；老人和小孩比成年人更容易得到帮助。

2. 人格特征

受助者的人格形象也会影响到我们的助人意愿。我们更愿意帮助那些看起来善良、友好的人；更愿意帮助那些看起来不会给我们带来伤害和没有伤害过我们的人；更愿意帮助那些由于外因不可控的因素陷入困境的人，而不愿意帮助那些由于内在原因面临困境的人。与一个因酗酒而醉倒在地的人相比较，我们更愿意帮助因心脏病突发倒在地上的人。与一个由于懒惰而陷入贫困的人相比较，我们更愿意帮助因地震而失去家园的人。

3. 相似性

许多研究都证明，人们更倾向于帮助与自己在肤色、地域、群体、社会身份，尤其是政治态度相同的人。社会进化论和社会生物学以为相似性多的人有着与我们更多相同的基因，帮助与我们相似的人更有利于自己所属种族的生存与发展。

有一项实验证明了相近的社会身份对助人行为的影响。一场足球比赛结束后，一个球迷倒在了地上，急需帮助。这个球迷穿着支持一方球队的运动衫，在这种情景下，支持同一个球队的球迷比另一方的球迷更愿意实施帮助。另一种情况是这个球迷没有穿表示支持哪个球队的衣服，结果发现两队的球迷都积极帮助，原因在于他们都是球迷，有着相同的爱好和身份。

三、利他行为的培养

利他行为主要是后天习得的结果。通常人们认为利他行为是一个人良好的品德与社会道德的体现。利他行为的发展与个体的品德发展是一致的。因此往往把利他行为的培养与品德教育和道德发展联系起来。一些品德教育的方法也被借鉴到利他行为的培养过程中。利他行为的发展阶段和规律也是与道德发展不可分割的。但是利他行为的培养不完全等同于道德教育，如前所述，利他行为除了道德成分外还涉及个人的人格特征、认知过程和特定社会情景。因此，利他行为的培养既作为品德发展的有机组成部分,又有自己更具针对性的具体方法。

（一）移情训练

利他行为受到情感的强大影响,一个人的同情心影响他是否做出利他行为的情感基础。移情最初作为精神分析的术语,指个体将自己先前的情感转移到其他新的对象身上。这里特指个体体验、推知并理解对方情绪情感的能力,即“吾非鱼,但是吾知鱼之乐”。移情训练主要通过引起自身的情绪体验,迁移体验,在情感的支配下自觉表现出利他行为。移情训练首先让学习者根据经验和以往类似情景去体验、知觉和理解当前情景,这一过程特别强调认知与情感的作用,让学习者感知自己与他人的行为,增加人际敏感性。训练过程中会运用认知提示、情感换位、角色扮演、情绪追忆、联想、聆听内心、分享讨论、感受表达等行之有效的方法。

考尔斯在他的著作《儿童的道德智慧》中强调了父母在培养儿童移情能力方面的重要性。他认为重要的是父母教会孩子仁慈、友善、考虑他人而不仅仅考虑自己。

（二）价值澄清课程

利他行为是利他主义价值观的体现。价值澄清课程关键在于确定个人珍视而又愿意维护的利他倾向价值观。价值澄清课程会引导儿童青少年深入思考一些价值问题：我周围的很多朋友吸毒为什么我不去做？为什么不能把别人的东西据为己有？为什么每个人都需要帮助？价值澄清的着眼点不在于寻找问题的正确答案,相反,价值澄清更注重评估的过程,目的在于让学习者清楚地意识到自己所持有的价值观,学会从正反两面权衡,学会考虑不同选择的意义,最终确立起应该持有的价值观。

价值澄清的课程中运用许多操作性很强的技术。一个技术是要求学员就“我想成为什么样的人”这一问题进行强制性选

择：一个孤独者还是集体中受欢迎的一员。另一个技术是让学生排列现实问题的顺序，比如贫穷、福利政策、医改问题、发展机会、社会公平等。通过讨论作出选择的原因，学生更清楚如何思考问题，如何作出价值选择。

（三）行为塑造

顾名思义，行为塑造就是以行为主义为理论基础，通过各种技术和方法修正不合乎道德规范的行为，训练和培养合乎期望的行为，最终塑造出社会期望的利他行为。总的来讲行为塑造的方式有两大类。

第一类是利用强化原理，对特定的行为直接给予正强化与负强化，运用的强化手段无外乎奖励与惩罚。比如在集体春游活动中，对独自享受食物的孩子取消某项特权（如玩游戏）；对那些表现出分享行为的孩子给予表扬。

第二类是利用社会学习理论，进行榜样教育，向学习者示范良好的道德行为。儿童最初通过模仿习得了良好行为，然后会认同行为背后的价值观并进一步内化，从而做出自觉自愿的利他行为。

（四）品德培养

品德培养与利他培养是正相关的关系，通过品德教育和道德价值观的引导，一方面建立道德禁令，让个体习得道德禁忌，不去做反社会行为；另一方面增加积极的道德力量，激发更多利他行为。

目前品德培养的途径主要是在教育体系内通过德育课程实现。在德育中尤其要注意以下几点。

第一，品德培养必须遵循道德发展的规律。皮亚杰认为，儿童的道德发展经历了从他律到自律，从外部评价向自我评价，从自我中心到去自我中心的转变过程。要根据儿童的道德发展水平和需要,提供适合儿童阶段特点的教育内容和形式。

第二,品德教育要重视学生的内心体验和独立思考,不能把道德概念变成知识化和外在化。道德行为是个人内在体验和价值观念的外在表现,起决定作用的因素在个体内部,因此用传授外在知识的方法让学生记住概念原理,这种教育方式是无效的。

第三,教育教学方法要灵活多样,注重学生的道德评价能力和行为能力的培养。

参考文献

[1]俞国良. 社会心理学. 北京：北京师范大学出版社，2007.

[2]金盛华. 社会心理学. 北京：高等教育出版社，2005.

[3]周晓虹. 现代社会心理学：社会学、心理学和文化人类学的综合探索. 南京：江苏人民出版社，1991.

[4]申荷永. 社会心理学. 广州：暨南大学出版社，1999.

[5]张承芬. 社会心理学 . 济南：山东人民出版社，2010.

[6]时蓉华. 透视中国社会的社会心理学. 中国香港：中华书局，1997.

[7]郑杭生. 社会学概论新修. 杭州：浙江教育出版社 .1998.

[8]周晓虹. 现代社会心理学名著菁华. 北京：社会科学文献出版社，2007.

[9]王芳. 心理学名著导读. 北京：中国妇女出版社，2006.

[10]彭耽龄. 普通心理学. 北京：北京师范大学出版社，1998.

[11]黄希庭. 心理学导论. 北京：人民教育出版社，2009.

[12]乐国安等. 应用心理学. 天津：南开大学出版社，2003.

[13]贾启艾. 人际沟通. 南京：东南大学出版社，2009.

[14]郑全全. 人际关系心理学. 北京:人民教育出版社,1999.
[15]王登峰,侯玉波. 人格与社会心理学论丛. 北京:北京大学出版社,2004.
[16]林崇德. 发展心理学 . 杭州:浙江教育出版社,2002.
[17]龚晓洁. 人类行为与社会环境. 济南:山东人民出版社,2012.
[18]弗洛伊德. 精神分析引论. 高觉敷译. 北京:商务印书馆,2004.
[19]罗洛梅. 人的自我寻求. 郭本愚译. 北京:人民大学出版社,2008.
[20]西美尔. 时尚的哲学. 费勇译. 北京:文化艺术出版社,2001.
[21]罗斯. 社会控制. 秦志勇译. 北京:华夏出版社,1998
[22]格里格,津巴多. 心理学与生活. 北京:人民邮电出版社,2004.
[23]艾森克. 心理学——条整合的途径. 阎巩固译. 上海:华东师范大学出版社,2000.
[24]克尔曼. 社会理论的基础. 邓方译. 北京:社会科学文献出版社,1999.
[25]查尔斯·库利. 人类本性与社会秩序. 包凡一译. 北京:华夏出版社,1999.
[26]瓦西列夫. 情爱论. 赵永穆译. 北京:三联书店,1985.
[27]菲斯克·泰勒. 张庆林译. 社会认知——人怎样认识自己和他人. 贵阳:贵州人民出版社,1994.
[28]古斯塔夫·勒庞. 乌合之众——大众心理研究. 冯克利译. 北京:中央编译出版社,2014.
[29]阿隆森. 社会性动物. 郑日昌译. 北京:新华出版社,

2002.

[30]埃里克·霍弗. 狂热分子. 北京:中央编译出版社,2012.

[31]波伏娃. 第二性. 陶铁柱译. 北京:中国轻工业出版社,2007.

后　记

在笔者的自我意识中，一直认为自己现场发挥的讲课能力远远超过文字表达和系统建构的能力。所以在写作过程中经常下笔难成言，生怕自己“任性”地发挥犯下曲解人意、误人子弟的错误，那将是对心理学前辈的大不敬。

本书融合了笔者多年的教学感悟，用心理学视角对生活和社会事件提出自己的肤浅思考。本书的不足和不当毋庸讳言，敬请读者批评指正。

社会心理学博大精深，内容浩瀚。本书只选择了某些片段，以简单专题的形式呈现给读者。这些话题是笔者关注较多的，自认为有所感悟能够驾驭的。需要指出的是本书是专题研究而非理论体系架构。

感谢青岛理工大学的有关领导、同事和学生，在十余年的教学工作生涯中，与同事的讨论，与学生的交流，成为笔者思考的动力和灵感的源泉。

感谢帮助我校对文字的边慧玲、江汶和侯立伟女士。

谨以此书，献给所有内心有感动的人！

刘志燕
2015 年 4 月
于青岛